中国财政科学研究院智库丛书

部分国家中期预算制度

王朝才　张晓云　马洪范　等著

中国财经出版传媒集团
中国财政经济出版社

图书在版编目（CIP）数据

部分国家中期预算制度/王朝才等著.—北京：中国财政经济出版社，2016.10
（中国财政科学研究院智库丛书）
ISBN 978-7-5095-7008-1

Ⅰ.①部… Ⅱ.①王… Ⅲ.①预算制度-研究-世界 Ⅳ.①F811.4

中国版本图书馆 CIP 数据核字（2016）第 235795 号

责任编辑：胡 博　　责任校对：刘 靖
封面设计：陈 瑶　　版式设计：兰 波

中国财政经济出版社 出版
URL：http：//www.cfeph.cn
E-mail：cfeph@cfeph.cn

社址：北京市海淀区阜成路甲 28 号 邮政编码：100142
营销中心电话：88190406 北京财经书店电话：64033436 84041336
北京京华虎彩印刷有限公司印刷 各地新华书店经销
787×1092 毫米 16 开 13.5 印张 230 000 字
2016 年 10 月第 1 版 2016 年 10 月北京第 1 次印刷
定价：38.00 元
ISBN 978-7-5095-7008-1/F·5609
（图书出现印装问题，本社负责调换）
本社质量投诉电话：010-88190744
打击盗版举报热线：010-88190492，QQ：634579818

中国财政科学研究院智库丛书

编　委　会

《部分国家中期预算制度》撰写组

顾　问： 刘尚希

组　长： 王朝才

副组长： 张晓云　马洪范　张纪雄

执笔人： 吕旺实（研究员）　张晓云（研究员）

马洪范（研究员）　张东明（研究员）

李　欣（研究员）　李三秀（研究员）

冯丽薇（副研究员）　刘翠微（副研究员）

景婉博（副研究员）　王美桃（副研究员）

秦　强（副教授）　于雯杰（助理研究员）

田　远（助理研究员）　白忠涛（博士研究生）

燕晓春（博士研究生）　梁佳雯（硕士研究生）

李　博（硕士研究生）

总 序

党的十八届三中全会在明确“完善和发展中国特色社会主义制度，推进国家治理体系和治理能力现代化”这一全面深化改革总目标的同时，提出了“财政是国家治理的基础和重要的支柱”的重要判断，充分彰显出财政在国家治理现代化之中的地位与作用。

强调发挥财政在国家治理中的基础和重要支柱作用，是与我国经济社会发展阶段相联系的。在改革开放初期，政府的作用是促进改革和开放，财政改革主要是推动政府职能转换、改进政府与市场关系，让市场在资源配置中发挥更大的作用。随着我国经济社会转型进入新的阶段、国家实力逐渐增强以及大国财政使命的提出，财政在改革和发展中的作用日趋多样化、全方位，涉及经济、政治、社会、文化、生态文明建设各个领域。

在市场经济不断发展的基础上，社会结构及其整个上层建筑都发生了极大变化，社会成员利益关系变得复杂起来。在经济进入新常态的背景下，这种复杂的利益关系对于财政在国家治理中作用的发挥是一个新的考验。改革开放初期，财政政策着眼于关注国内，对于国际环境关注不多，现在财政政策的一举一动都对世界经济产生重要影响；改革开放初期，财政主要解决温饱问题，经济建设成为财政工作的突出任务，现在财政既要解决发展问题，又要解决改革问题，经济、社会、政治、文化和生态文明要协同发展；改革开放初期，中央和地方财政实力虽然都较弱，但地方政府债务也少，现在国家财政实力快速扩张过程中也面临着地方政府债务特别是或有债务快速扩张的问题，财政自身可持续性发展面临挑战。

财政作为国家治理的基础正在发生多维变化。改革开放初期，财政主要从经济维度发挥国家治理基础性作用，主要是处理好政府与市场的关系；在经济社会转型、利益关系多元化背景下，财政要从多维度支撑国家治理：既有国家与市场的维度，也有国家与社会（个人）的维度，以及公共部门内部（包括中央与地方、政府部门之间）的维度。

随着财政发挥作用的多维变化，财政理念也随之发生变化。改革开放初期，政府在市场失灵的领域提供公共服务；随着时代的进步，政府承担的各种责任（城镇化、养老、医疗、教育、环境保护等）在不断增加，在政府能力有限的情况下，政府与社会资本合作呼之欲出。政府和社会资本合作打破了传统主流经济学、财政学的基本看法：政府与市场是水火不相容的，二者是对立的；公共服务领域是市场失灵的领域，只能由政府来干。过去注重政府与市场之间的分工，现阶段则注重在分工基础上的合作。政府与市场关系需要进行再改革，一些新的问题又随之产生：在多元主体提供公共服务的同时如何保障社会公共利益，如何理顺政府与社会的关系，如何理顺政府内部如中央和地方之间、政府各部门之间的关系等。财政全方位、深层次嵌入国家治理体系和治理能力现代化之中，带来了许多需要用全新理论诠释的问题，也考验着各方面的智慧。

面对新阶段、新形势和新任务，财政如何有效支撑和推动国家治理现代化更需要新思路、新思想，财政智库或财政思想库也应运而生。可以说，财政智库是财政有效支撑和推动国家治理现代化的思想源泉，也是点亮财政作用于国家治理的“智慧之灯”。发达国家在财政现代化和国家治理体系与治理能力现代化过程中，财政智库的作用功不可没。要发挥好财政作为国家治理基础与重要支柱的职能作用，财政智库的基础性作用更是不可替代。

第一，财政智库是推进国家治理决策的科学化、民主化和法制化的重要支撑。当前，全面建成小康社会进入决定性阶段，破解财政改革发展稳定难题和应对全球性问题的复杂性艰巨性前所未有，迫切需要健全中国特色的财政决策支撑体系，大力加强财政智库建设，以财政科学咨询支撑财政治理的科学决策、民主决策和依法决策，以财政科学决策引领科学发展。

第二，财政智库是国家治理体系和治理能力现代化的重要内容。纵观当今世界各国现代化发展历程，智库在国家治理中发挥着越来越重要的作用，日益成为国家治理体系中不可或缺的组成部分，是国家治理能力的重要体现。全面深化改革，推进国家治理体系和治理能力现代化，推动协商民主广泛多层制度化发展，建立更加成熟更加定型的制度体系，必须切实加强中国特色新型财政智库建设，充分发挥智库在治国理政中的重要作用。

第三，中国特色新型财政智库是国家软实力的重要组成部分。一个大国的发展进程，既是经济等硬实力提高的进程，也是思想文化等软实力提高的进程。智库是国家软实力的重要载体，越来越成为国际竞争力的重要因素，在对外交往中发挥着不可替代的作用。树立社会主义中国的良好形象，推动中华文化和当代中国价值观念走向世界，在国际舞台上发出中国声音，迫切需要发挥中国特色财政新型智库在公共外交中的重要作用，不断增强我国在国际财经和公共事务的国际影响力和国际话语权。

正是考虑到智力资源是一个国家、一个民族最宝贵的资源，考虑到我国智库发展面临的各种瓶颈，2015 年 1 月，中共中央办公厅、国务院办公厅印发了《关于加强中国特色新型智库建设的意见》，提出加强智库建设整体规划和科学布局，统筹整合现有智库优质资源，重点建设 50~100 个国家急需、特色鲜明、制度创新、引领发展的专业化高端智库。

中国财政科学研究院的前身财政部财政科学研究所（财科所），于 1956 年根据毛泽东主席的指示而成立，2016 年 2 月正式更名。60 年前财科所成立之初，就定位为政府部门的政策咨询机构，以探索我国财政经济问题和培养财政、会计专门人才为己任，为党中央和国务院中心工作服务，为财政经济发展的现实服务。为此，一代又一代财政科研人员为我国财政科研事业做出重要贡献。60 年后的今天，中国财政科学研究院正致力于转型、创新，努力创建一流新型智库。

根据智库建设与发展的规划，本院推出“中国财政科学研究院智库丛书”。该丛书内容既包括本院各年度重要《研究报告》的文集，也包括本院承担完成的一些重大科研项目成果，以及本院研究人员研究、撰写的各类专著。目的在于集中展示财科院的科研成就，扩大科研成果的宣传和社会效果，全面提升财科院的智库影响力。

不忘初心，砥砺前行。我们将明确智库建设的宗旨，在传承既有科研优势和办院特色的基础上，探寻新型高端智库建设的途径，潜心探索财政与国家治理的新理论、新观点、新思路、新对策，与各界同仁一道，共同致力于现代财政制度建设，开创国家治理现代化之美好未来。

“中国财政科学研究院智库丛书”编委会

2016年7月

目 录 ■■■■

第一章　总　　论

本书选取世界上中期预算理念与实践相对成熟的美国、德国、英国、法国、澳大利亚、日本和韩国，以及与我国同属新兴经济体的印度、巴西、俄罗斯、南非等共12个样本国家的中期预算实施情况进行全面、系统的归纳和总结（详见附表1－1）。本章是提纲挈领的总论，对12个国家中期预算进行了总结和比较：从理论层面，通过界定中期预算的概念与内涵、比较中期预算与年度预算的差异，提出认识中期预算的基本框架；实践层面，通过对各国引入中期预算的背景、原因、编制技术、编制内容、制度成效、中央与地方的差异等具体问题，进行深层次的比较、研究和分析，进而为推动我国中期财政规划的实施提出五个方面的借鉴及启示：（1）世界各国的中期预算仍在不断探索和完善的过程之中；（2）中期预算的重要制度基础是清晰的政府间财政关系；（3）中期预算在宏观经济调节方面发挥出越来越大的作用；（4）地方政府中期预算在综合平衡的基础上更加重视资本预算；（5）中期预算主要是政府部门实现自我约束的财政工具。

一、概念与内涵

中期预算的名称在各个国家各不相同，比如，美国称之为“Long Term Budget Outlook（中长期预算展望）”，英国叫“Five－Year Forecasts for the Economy and Public Finances（经济和财政的五年预测）”，法国称为“Stability Programme

(稳定计划)”，世界银行称为“Medium - Term Expenditure Framework（中期支出框架)”，本书统一称为中期预算，在具体国家沿用该国家的叫法。中期预算是一种创新的公共管理方法。它以国内宏观经济形势和人口发展趋势为基础，通过对多年度的财政收支、赤字和债务进行估计和预测，以期实现政府资源总量的跨年度合理分配与平衡。它通过加强政策制定、强化规划与预算之间的联系，使支出结构体现政府的政策优先次序。它更加关注资源使用的结果和效率，从而使公共产品的提供得到改善。

20 世纪 60 年代以来，了解、掌握财政收支变动长期趋势的重要性不断增加，一些欧美发达国家开始突破传统财政预算的年度限制，在年度预算之外再编制中期预算，或直接改造原来的年度预算为中期预算，使中期预算逐步成为西方国家新型财政管理模式的基本组成部分。英国是最早编制中期预算雏形的国家，在 20 世纪 60 年代就开始尝试进行中期财政收支预测。澳大利亚紧随其后，在 20 世纪 80 年代开始推行中期预算。到了 20 世纪 90 年代，欧盟国家开始引入中期预算。发展中国家的中期预算编制起步较晚，目前尚处于尝试阶段，且发展水平不一。一些国家在国内预算编制中引入多年期要素（例如肯尼亚和坦桑尼亚)，还有一些国家正朝这个方向努力（例如马拉维和南非)。许多发展中国家与国际货币基金组织、世界银行合作编制了各自国家的《中期政策框架文件》(Medium - term Policy Framework Paper)，并以此为基础来制定各自的中期经济和财政战略。

世界银行（World Bank）在 2013 年发布的研究报告《Beyond the Annual Budget— Global Experience with Medium Term Expenditure Frameworks》中指出，已有 132 个世行成员国（占全部成员国的 73%）实施了中期预算，多数国家在 20 世纪末前均已实施。实践证明，中期预算的引入对发达国家的预算管理起到了一定的积极作用。但是具体效果因每个国家中期预算的目的、方法的设计以及多年期预算改革的执行情况和执行能力的不同而各异。

从理论上讲，中期预算是一种预算的编制方法。通过对多年的财政收入和财政支出进行预判，或者通过多年期财政规划来提高年度预算编制的有效性。它采取一种前瞻性的战略办法确立优先次序并配置资源，因而能够纠正年度预算的短视等缺陷。中期预算与年度预算的区别主要体现在三个方面：

(1) 对财政纪律的遵守方面。年度预算只考量短期的宏观经济形势和财政收支规模，而中期预算则将财政收支规模置于中期宏观经济视角和多部门视角中进行考量。(2) 对政府政策制定的指导意义。年度预算不具备连续性，难以体现政府财政支出的优先顺序。而中期预算将年度预算编制纳入政府中期预算和政策优先性考量的框架内，赋予了预算编制极大的连续性。(3) 预算绩效管理和服务的提供方面。年度预算重投入轻绩效，相比之下，中期预算通过加强绩效管理的激励机制，提高了政府公共服务供给的效率（详见附表 1－2）。

世界银行专家认为，中期预算应当具备以下七个要素：(1) 准确的宏观经济预测：科学准确的宏观经济分析和预测是中期财政支出框架实施的基础。(2) 可行的财政政策：中期预算框架的编制方法是建立在宏观经济政策和财政政策的协调配合基础之上的。要对未来的财政支出进行规划，必须首先对未来可利用的财政资源有一个合理的估算。(3) 支出责任优先顺序的再次调整以及再分配：年度的预算制度本身无法对财政支出的优先顺序进行灵活调节，这也是实施中期预算的动机之一，即通过此机制将预算编制与财政政策调整更好地联系起来。(4) 严格的财政纪律：预算配置必须受到预算资金总量的硬约束，各部委在决定预算拨款用途时必须作好支出优先顺序的协调。(5) 统一的财政制度：中期预算的实施需要有一个支持它的制度基础，中期预算的编制和实施都需要在此制度约束下进行，尤其是政治决策制定者必须认同中期预算作为资源配置的手段。(6) 合理的参数：中期预算设计的重要步骤是其参数的设定。参数包括总支出的限制、政府组织结构间的关系、支出计划的内容、对未来的财政支出进行估算时使用的价格标准、年度预算与中期预算的衔接机制、中期预算应对不同经济形势的灵活度。(7) 充分的透明度：财政透明和政策透明有利于提高中期预算程序参与者的责任意识。财政透明意味着向公众公开政府的内部结构和职能、财政政策的意图、公共部门账户情况以及财政计划。政策透明则意味着公开政府在某个特定政策领域的意图、意欲达到的政策效果以及达到该效果所需的成本。此外，透明还意味着公布政府当前活动的绩效情况、产出质量等。

二、预算编制与管理

（一）编制背景和目的

每个国家的中期预算的发展轨迹各不相同，引入的时代背景也大相径庭。有的国家出台中期预算时适逢国家财政状况持续改善之时，例如南非、韩国。而有的国家则将中期预算作为应对危机的重要举措，如美国、日本。

美国编制中长期预算的初始原因是财政收支的恶化或经济不景气，目的是将短期宏观经济问题置于一个中长期的宏观经济视角来考虑，通过总额财政纪律，以保证财政支出不超过财政的能力范围，达到削减财政赤字和降低联邦债务率的目标。随着预算制度理念与实践上的不断成熟，美国中期预算框架又新增了两个目标：一是提高资源配置的技术效率。通过加强政策制定、规划与预算之间的联系，显示政府在优先安排支出项目上的能力与意愿，使支出结构体现政府的政策优先性；二是提高政府运行绩效，改进服务供给。由于年度预算关注的焦点是投入控制，所以结果导向性很弱，产出和成果不是关注的焦点。中期预算则更加关注资源使用的结果和效率，使得公共产品的提供质量得到改善。

（二）编制的组织架构与责任分配

各国都有中期预算编制的主要负责机构。在大多数国家是由行政部门负责编制，如德国和法国都是由财政部来完成，英国是由独立的预算责任办公室负责，美国由总统预算办公室和国会预算办公室各自独立编制。

中期预算的编制也需要很多相关部门的支撑与协助。在很多国家是由财政部来承担这项使命（如果财政部不是主要编制机构的话），当然，也离不开税务部门以及各个支出部门的支持，需要它们提供最初的预测数据。

在美国，总统预算办公室（OMB）提供中长期宏观经济与财政预测，预测期覆盖即将来临的财政年度以及随后的 N 年。国会预算办公室（CBO）负责提供独立的中长期宏观经济与财政预测，具体包括对宏观经济变量的假设以及根据这些假设估算的经济与财政数据对于经济变动的敏感性分析，并提供一些可选择的方案供国会决策时参考。虽然 CBO 自身不提供政策建议，但对总统预算草案的“再预测”，使得国会可以基于相同的经济与技术假设条件，将行政部门的收支预测与 CBO 的“基线预测”进行比较。OMB 在预算执行过程中需要将实际执行的结果与前期预测出的结果进行比照，并在年度中期把预测的结果作一次更新，及时向公众披露。

（三）编制的法律框架

为了规范和约束中期预算的编制，大多数国家都以法律形式对中期预算编制的主体、程序和内容等作出明确规定。如英国的《1998 年财政法案》、澳大利亚的《预算诚信法章程》、新西兰的《1989 年公共财政法案》和《1994 年财政责任法案》、德国的《促进经济稳定与增长法》、美国的《国会预算及截留控制法 1974》、法国的《预算组织法 2001》、南非的《南非财政管理法》。

美国自 20 世纪 60 年代开始编制中期预算以来，发布了一系列的法律文件，主要包括：（1）《国会预算及截留控制法 1974》（Congressional Budget and Impoundment Control Act of 1974）。该法规定联邦的 OMB 与 CBO 均需要定期发布 5 年财政收支预测，并纳入年度预算文件中。OMB 的预测有两个不同的版本：一是将行政部门提出的政策草案内容纳入考量形成预算文件，由 OMB 与经济顾问委员会（Council of Economic Advisors）和财政部共同负责；二是“现行服务水准估算”（current service estimation）或称“基线预测”（base - line projections），即假定现行政策不变时的未来收支预测，并配合年度预算书的发布，定期发布“美国政府预算分析”（Analytical Perspectives：Budget of the US Government）。随后 CBO 将发布“预算与经济展望”（The Budget and Economic Outlook），该文中的预测基准与 OMB 的第二套版本相同，但如果两者有差异，依照该法规定，应由 OMB 向公众解释差异的原因。（2）《平衡预算与紧急赤字控制法 1985》（The Balanced Budget and Emergency Deficit Control Act of 1985），也称格 - 拉 - 霍法（Gramm - Rudman - Hollings Act）。明确未来年度应逐年降低联邦预算赤字上限，并采用“等比例削减”（sequestration）机制，即如果某一年度预算赤字超过法定上限，OMB 就必须启动该机制，每年等比例削减赤字，以期在 1992 年实现“零赤字”目标。（3）《预算执行法 1990》（The Budget Enforcement Act of 1990，BEA）。该法将公共支出划分为自主性支出（discretionary spending）与强制性支出（mandatory spending）。自主性支出包括国防、国际事务、暴力犯罪防治及其他国内开销四大类，明确未来数年的支出上限，结余不得留用，如超过上限则启动“等比例削减”机制。强制性支出未确定上限，但具有“民生权益性支出（entitlement spending）”性质的支出项目必须依据“现收现付（或收支平衡）”（PAYGO）原则，以避免预算赤字。如有政策提案导致强制性支出增加，就必须提出增税或减少其他支出的提案，当违反时，OMB 应在该会计年度国会会期结束时启动“等比例削减”机制。（4）《首席财务官法 1990》（Chief Financial Officers Act of 1990）。考虑到要提升公共支出的配置效率，必须改进财政咨询的品质及加权财务控制，因此明确由首席财务官负责整合各部门预算与财务管理，其推行重点包括预算会计的整合。（5）《政府绩效与成果法 1993》（Government Performance and Results Act of 1993，GPRA）。该法要求各支出部门编制至少 5 年期的“战略规划书”，并提出“年度绩效计划书”、“年度绩效报告书”，并赋予部门“管理弹性”，并采取“渐进模式”推进。（6）《预算平衡法 1997》（The Balance Budget Act of 1997）。该法明确所有的预算决议案（Budget resolutions）均以 5 年为期，并将《预算强制法 1990》（BEA）中有关“等比例削减”及“现收现付”等机制延长至 2002 年，连同各种削减支出的方案，以达成 2002 年联邦预算平衡的目标。（7）《现收现付法 2010》（The PAYGO Act of 2010）。法案明确要求任何支出的增加或税收的减少必须有相对应的资金来源以防范可能的赤字增长。（8）《政府绩效与结果现代化法 2010》（The Government Performance and Results Modernization Act of 2010）。该法进一步关注支出部门是否事先制定绩效目标。（9）《预算控制法案 2011》（The Budget Control Act of 2011）。恢复了自主性支出上限（caps）条款。重新启动了中止于 2002 年的“现收现付（或收支相抵）”（PAYGO）规则。

（四）编制流程

中期预算的编制流程可以是“自上而下”，也可以是“自下而上”。美国联邦政府编制中长期预算的时间是与年度预算编制同时进行，采取自下而上的编制流程。总统在每年的 2 月份向国会递交预算草案，预算文本中包括行政机构对未来中长期（十年及以上）的收入和支出预测、政策优先战略安排以及计划采取的一系列税收和支出政策调整。

德国是“自上而下”和“自下而上”的结合。德国在联邦中期预算编制正式开始的时候，联邦财政部长向所有联邦支出机构下达通知，要求它们在年度预算支出需求的基础上提供各自在下一年度和随后三年的支出需求。支出部门在计算支出需求时遵照预算编制指导文件中列出的详细说明（包括联邦部委年度预算各支出类别的上限和关于编制多年期规划的说明）来编制。各部委呈交的预算需求包括经常性支出和资本性支出。在收到各支出机构呈交的支出需求之后，联邦财政部对“自上而下”的预算约束以及“自下而上”的支出需求进行协调。在“讨价还价”环节，将政府中期财政政策目标与年度预算需求和多年期支出需求进行比较。几轮谈判之后，各支出部委的预算需求和规划将会与财政部的预算要求相一致。如果各部门支出需求的总和小于财政部的预定目标，那么剩余的部分会被用作储备基金，以后需要时再分配；如果支出需求超出财政部的目标，财政部有义务提交一份削减预算开支的提案。

（五）编制内容

各国根据预算年度内本国经济发展状况、国家战略规划以及将要发生的重大政策变化和调整，根据经济增长率、通胀率等重要经济指标，对财政收支、赤字，以及债务规模进行预测，形成新的年度预算和中期预算。从内容上看，一般包括：（1）宏观经济预测及其分析。依据当前年度经济发展实际及未来政策变化，预测未来经济增长率、投资率等宏观经济指标。（2）预测期内财政收入和支出的规模。依据国家宏观经济发展趋势及未来重大财政收支政策进行预测。（3）预测期内赤字和债务的跨年度分布情况，并对赤字和债务的宏观、微观影响加以分析。例如，澳大利亚中期预算的报告一共有四份文件：第一份文件为预算战略和展望，内容包括财政战略描述、经济展望以及总预算规划；第二份文件为预算规模，包括下一财年的预算规模以及详尽的多年期预算的估计和预测；第三份文件为联邦财政关系，描述政府间关系；第四份文件为联邦公共审计，内容为下一财年的拨款预算案。

如前文所述，中期预算的编制需要很多相关部门的支撑，尤其离不开税务部门以及各支出部门的支持，需要它们提供最初的预测数据。具体地讲，各支出部门需要根据国家战略规划、部门专项规划等，编制本部门的中期收支计划。中期预算报告一般每年更新一次或两次，例如美国、法国更新一次，英国、德国更新两次。

（六）预测技术与方法

中期预算的编制必须以宏观经济和财政指标的预测为基础，预测方法、预测水平和能力直接影响着中期预算的编制效果。各国根据各自的技术水平，以基线预测方法（即在政策不变的情况下对指标进行预测的方法），通过宏观模型，对宏观经济进行预测，对财政收支进行展望，并在预测的基础上及时调整收支政策，既考虑宏观指标（如人口和宏观经济状况）对财政指标的影响，也考虑财政指标及其变动对宏观经济的影响。例如，美国的 OMB 与 CBO 是基于现行立法和与政策不发生变动的假设，即运用基线预测法（baseline projection）进行预测，也就是说，除了总统在预算草案中的政策建议之外，预测时期内不发生任何立法与政策的变动。预算基线为预算编制设定了特别重要的起点，为立法机构提供了一个“当支出与收入政策发生变动时”所对应的基准或参考的坐标系，立法机构在考虑行政机构的收支水平提议时，将其与基线预测的水平进行比较。

对于地方政府来说，中期预算的形成需要在特定的假设条件下，考虑债务的级别，通过会计恒等式得出。如果计划的开支超出了预计的收入，那么这个结果会对地方政府起到警示作用，意味着地方政府需要削减开支或者采取增加收入的措施。Bexar County、Texas（2002）对多年期预测的目标进行了总结：“预测的结果以一系列的假定为前提。一旦改变假定条件，预测的结果就会变化。预测的价值在于可以帮助决策者发现潜在的问题，使其处于主动的地位，在解决问题和抓住机遇时取得更大的成功。”

相对于发达国家来说，发展中国家地方政府预测财政收支的工作更具有挑战性：（1）没有准确的数据；（2）地方政府严重依赖政府间转移支付。转移支付的类别较多，每项转移支付分配机制和数量上的规则和限制繁杂又增加了转移支付预测的复杂性；（3）地方政府的税收权限和支出决定经常受到中央的特别限制，没有足够自主权；（4）政治及其他非技术因素可能会影响收支的预测，可能被人为高估或低估。

三、中央与地方的差异分析

（一）存在的差异

美国各层级政府普遍建立了中长期预算制度或中长期预算框架（详见附表1-3、附表1-4），州政府只编制资本预算，而联邦政府不仅对预测期内的财政相关情况进行分析，包括联邦政府财政收入、支出、赤字、债务、利息等，还需要预测人口等影响预算执行效果的因素，并对不同情况下可能出现的预算执行结果、不同的政策调整方案会对宏观经济带来什么样的短期和长期影响进行分析。

在德国，各级政府均有制订中期预算的责任。德国联邦中期预算和州政府中期预算内容基本类似，都包括未来的经济状况、政策、支出和收入情况、展望等等，主要的不同之处在于联邦中期预算比较重视未来的社会经济形势展望，政府间关系及其变化也是其重点，州政府中期预算更聚焦于在本地区的发展状况、面临的挑战、未来的趋势，收入和支出会更详细、具体一些（详见附表1-5）。

英国各级政府也都编制中期预算，以伯明翰市2015年度的中期预算为例，其中期预算包括在年度预算之中，具体由两份报告组成：《经济计划2015+：预算概要》和《经济计划2015+：预算报告和资源计划》。第一份报告提出城市未来战略计划框架，第二份是具体的中期预算报告，包括收入、支出、盈余、债务的综合预算，还包括风险评估、绩效评价、公私合作等等内容，涵盖年限除本预算年度外，还包括之后2个预算年度，而且报告中的“长期金融计划”对收入、支出、盈余、储蓄的预算到2024/2025财年，对“住房收入账户经济计划”（Housing Revenue Account Business Plan）的预算到预算年度之后的30年，即2044/2045财年。另外年度预算中的另一份报告《预算手册2015/2016》中基本都是当前年度的预算，但是对“提交的资本性支出计划”（PROPOSED CAPITAL EXPENDITURE PROGRAMME 2015/2016 - 2017/2018）和“审慎的借款分析”（Analysis of Prudential Borrowing）除当前财年外还有到2017/2018财年的数据。由此可知，中央和地方中期预算编制内容也很相似，都是综合性预算，不同之处除与德国的相同外，地方更重视资本预算，对长期金融计划和住房收入账户经济计划都根据需要将预算年度分别延长到10年和30年，但地方政府中期预算的涵盖年限一般少于中央政府。

在日本，各层级政府所编制的中期预算整体上并无根本性、方向性的差异（详见附表 1－6）。不同之处在于，中央政府编制中期预算更趋近于顶层设计，或者说指导性意见，而地方政府则是在此设计和方针下进行未来 3 年（2015 年在讨论延长至 5 年）内针对辖区内人口、老龄化等对预算执行效果产生影响的预测和审议，制定更为细化的包括经常预算和资本预算在内的中期预算框架。另外，中央政府编制中期预算时会根据执政党所提出的相关政策性法案（如 2011 年的社保改革推进法案、安倍政权所推行的社保和财税一体化改革等）及其修订进行调整，而地方政府（市町村层级）的中期预算编制工作较难准确预测制度与政策因素的影响，因此多以维持现行制度的推算为主。

（二）形成差异的原因

不同国家实行不同的政治、财政体制，这从根本上决定了中央与地方政府中期预算之间的差异。美国高度分权的政治和财政体制决定了中期预算制度在各层级政府之间呈现较大的差异性。联邦政府需要对国家安全、重大社会经济风险、宏观经济稳定和收入分配负责，尤其是平抑经济波动，而地方政府则不需要。州及地方政府中期预算的重点主要是地域性较强的具体项目支出。

德国州级政府与联邦政府的中期预算在内容上基本类似，这主要是由于州级政府编制中期预算的基本格式是由联邦政府统一规定的。为了达到全国总体经济能够均衡良性发展的目的，各级政府均需按联邦政府下发的相关规定制订本级政府的中期财政预算，并在具体制订过程中相互配合相互协调，以保证预算体系的统一性。各级政府的中期预算汇合在一起即形成全国的中期预算。

英国中央和地方中期预算编制内容相似，都是综合性预算，但地方中期预算的涵盖年限少，这与地方的预算编制能力弱于中央政府有关，而且与经常性预算相比地方更重视资本预算，因为资本预算对地方发展战略、收入规划、支出重点的相关性更强，对地方的收支平衡更为重要，对于有必要的计划的预算年限更是延长至 10 年和 30 年。

日本是单一制集权型国家，加之其“收入向中央集中，支出向地方分散”的财政体制特征，因此各级政府的中期预算的内容虽在规模、侧重点等方面不同，但整体方向基本一致。由于中央和地方事权和支出责任的不同，因此其中期预算的侧重点存在差异，另外地方编制水平和能力弱于中央，在编制方法和内容上也会略有差别。

四、总结与启示

本书在收集大量信息的基础上，包括引入中期预算的原因、编制的内容、取得的成效等，对各国中期预算的实施情况进行了深度比较、研究和剖析，总结出以下五条规律性认识，对我国推行中期财政规划工作具有较高的理论价值和极强的现实意义。

（一）世界各国的中期预算仍在不断探索和完善的过程之中

世界银行专家提出，中期预算应当包括三个目标。一是实现总量平衡的财政纪律（fiscal discipline），二是提高资源配置的技术效率（technical efficiency），三是提高政府运行绩效和改进服务供给（performance budget）。

第一个目标是大多数国家编制中期预算的初始原因，即期望通过强化财政纪律，保证财政支出不超过财政的能力范围，达到削减财政赤字和降低债务率的目的。但随着预算制度理念与实践上的不断成熟，一些发达国家在中期预算框架中又引入了另外两个目标。相比较而言，大多数发展中国家正在努力达到第一个目标。总体上来说，各国经过多年的运行，无论是发达国家或发展中国家，都积累了一定的经验，也遇到了一些困难和挫折，中期预算还需要在实践中不断探索，持续推进并逐步完善。

（二）中期预算的重要制度基础是清晰的政府间财政关系

各国实践表明，中期预算的编制应当建立在相对规范、稳定的政府间财政关系的基础之上，明确的政府间事权与支出责任划分，转移支付的规范、透明与稳定，既是编制中期预算的制度基础，也是中期预算发挥作用的前提。如果缺乏这一制度条件，中期预算只是没有实际作用的一纸空文。需要特别说明的是，很多国家都有关于法定支出项目的立法，该项支出是根据法律事先规定的因素和公式来计算分配，由国库自动支付，除非法律发生变更，否则无需逐年经拨款委员会审批，而明确的法定支出范围和标准是中期预算编制的重要依据。

例如，美国联邦政府预算支出分为强制性支出和自主性支出两大类。强制性支出主要包括社会保障、医疗照顾和医疗保险、退伍军人福利和食品券、存款保险、农业价格支持、利息以及对失业者和贫困者的救济资助。这些项目之所以被称为“赋权性支出”或“民生权益性支出”，是基于对公民法定权利的理解：无论是养老金、失业救济金还是基本的医疗保障都被认为是公民应当享有的“天赋人权”，任何符合特定受益条件的公民（如达到退休年龄或低于某一收入标准或失业条件），不论人数总量有多少，也不论支出总额是多少，根据之前通过的一系列法案的规定，都必须“自动”获得这些权利、得到这样的补助。再比如，巴西的法定国库支出由向地方转移支付、燃油税、特许经营权、教育津贴等组成。从财政支出可控性来看，巴西政府财政支出严格受宪法及其执行条例约束，法定支出刚性强，联邦政府财政总支出中可支配支出平均约为22.88%，其余均为法定支出。

（三）中期预算在宏观经济调节方面发挥越来越大的作用

一般国家的中期预算都会考虑财政平衡问题，随着编制能力的提高，中期预算在宏观经济调节方面发挥出越来越大的作用。例如，德国中期预算的依据之一是经济发展规划，政府部门对制定总体经济发展规划从第三年起的之后三年要尽可能地避免发生重大周期波动，对已知的经济发展的宏观（即经济发展的周期性）风险要运用财政金融政策进行调控，并要考虑到财政政策的连续性与可持续性。这种“反周期”的调控同时要顾及私人部门对总体经济发展规划的影响。例如，处于紧缩调整政策下的中期预算必须符合削减支出、节约财政经费的基本原则。再如，日本在2010年6月22日，民主党、国民新党的菅内阁通过了《财政运营战略》，战略制定的财政运营基本规则中有缩减财政赤字的规则，即在缩减赤字时综合考虑经济景气和周期性状况。

中期预算在现实中确实可以起到调节宏观经济的效果。例如，法国在2014年良好的经济复苏形势下，计划将2015年的财政赤字率降到4.0%，2016年为3.4%，2017年为2.8%。同时，政府收入和支出都会有所下降，政府债务率也将开始下降。再如，在澳大利亚，无论是在财政紧张抑或财政宽松的情况下，中期预算都表现得很好。在财政紧张的时候，可以利用中期预算作出必要的支出削减；而在财政资源充裕的年份里，中期预算又可以对未来年份的支出进行锁定。

再如，巴西的预算管理有以支定收、预算弹性较大的特点。巴西预算是考虑上年预算基数、通货膨胀率、预期的经济增长率及各部门预算申报数量等因素来确定预算支出规模。在支出规模确定后，再确定收入预算规模。由于以支定收，如遇到经济波动，出现收入预算完不成的情况，总统可决定按一定比例减少财政拨款。在预算执行中，预算变化在15%以下，由各部部长自主决定；变化在15%～20%，需报总统批准；变化在25%以上，需报国会批准。

（四）地方政府中期预算在综合平衡的基础上更加重视资本预算

每一级政府都可以编制中期预算，但编制什么内容，则取决于各级政府具体承担了哪些支出责任。在美国，联邦政府中期预算是对宏观经济状况进行预测和评估的综合预算，而州一级的中期预算则为资本预算。在日本，中央政府编制中期预算更趋近于顶层设计，或者说是指导性意见，而地方政府则是在此设计和方针下进行未来3年（2015年在讨论延长至5年）内针对辖区内人口、老龄化等对预算执行效果产生影响的预测和审议，制定更为细化的中期预算。在德国，地方政府中期预算聚焦于本地区的发展状况、面临的挑战、未来的趋势，对收入和支出会更详细、具体。总之，中央政府与地方政府职能上的差异，决定了中期预算内容与形式上的不同。从世界范围看，地方政府既没有承担平抑经济波动的职能，也没有能力去承担，因此，其中期预算报告多为对具体项目的收支进行预测和评估的资本预算。

（五）中期预算主要是政府部门实现自我约束的财政工具

中期预算与国会的关系在每个国家的情况都不十分一样，主要有两种类型：第一种类型，比如美国，中期预算与年度预算一起编制并递交国会，但并不需要经国会审议批准；第二种类型，比如德国，年度预算和中期预算都需要经国会审议和批准。德国的中期预算在公布之前需要由财政部长提交议会进行审批。地方各级政府的年度预算草案由地方本级议会进行审核批准，但中期预算草案则需要由联邦议会进行审议。议会可以对草案提出修改意见或否决草案，但不能直接修改草案。南非国民议会不仅审议中央的，也负责审议省级政府的中期预算。

但从我们目前所获得的信息来看，世界各国的中期预算对年度预算都不具有法律约束力。因此，虽然中期预算在各个国家都被要求递交国会备案，作为国会审议年度预算或者作决策之参考，在有的国家也需要经过国会审议通过，但总的来说，中期预算实施到目前这一阶段为止，主要是政府部门进行内部控制、实现自我约束的一项财政工具。

附表 1－1　主要国家中期预算的基本概况

序号	项目	美国	英国	德国	法国	澳大利亚	日本	巴西
1	具体名称	The 2015 Long Term Budget Outlook（2015年中长期预算展望）	Five－year forecasts for the Economy and Public Finances（经济和财政状况五年预测）	Finanzplan des Bundes 2015 bis 2019（联邦政府2015～2019中期财政计划）	Stability Programme 2015～2018（2015～2018年稳定计划）	Forward Estimates（中期预算）	1. 今后经济财政运营及经济社会结构改革的基本方针； 2. 中期财政框架； 3. 当前面向财政健全化的举措——中期财政计划	Brazilian Multiyear Plan－2012～2015（2012～2015巴西多年期规划）
2	主要内容	1. 经济状况分析； 2. 收支预测与展望； 3. 政策建议	1. 对公共部门收支的全面预测； 2. 财政收支措施对财政状况的影响	1. 收支预测与展望； 2. 经济状况分析	1. 收支预测与展望； 2. 国家未来财政战略目标的制定； 3. 支出优先顺序的确定	1. 收支预测与展望； 2. 经济状况分析	财政健全化目标及收支预测	1. 反映政府战略优先次序； 2. 限制年度预算法则
3	与国会的关系	1. 递交国会参考； 2. 不需国会审议	递交国会（是否需国会审议不详）	国会审议批准	1. 递交国会参考； 2. 不需国会审议	国会审议批准	1. 递交国会参； 2. 不需国会审议	国会审议

续表

序号	项目	美国	英国	德国	法国	澳大利亚	日本	巴西
4	开始编制时间	1970年、1976年	1998年	原西德1967年； 合并后德国1991年	2009年	始于1980年早期，1987～1988是第一个真正意义上的中期预算（基线滚动）	2001年、2010年、2013年	1996年
5	开始编制的原因	1. 改善财政状况； 2. 降低赤字	1. 控制收支； 2. 提高财政可持续性	1. 有效调控财政状况及发展趋势； 2. 提高决策正确性与准确性； 3. 降低赤字及累计债务	1. 改善财政状况； 2. 欧盟成员国统一要求	1. 降低税收； 2. 减少政府支出	1. 改善财政状况； 2. 降低财政赤字； 3. 抑制新发国债规模	1. 指导联邦公共管理行为； 2. 实现财政可持续发展
6	编制的法律依据	1. 《国会改革法》； 2. 《国会预算及结留控制法》；等	《预算责任和国家审计法案2011》	1. 《基本法》； 2. 《联邦财政法律规章制度》	《预算组织法》	《1998年预算诚信宪章》	1. 《财政法》； 2. 《预算决算及会计令》； 3. 《特例公债法》	1. 《财政责任法》； 2. 《预算指导法》
7	负责编制主要部门	1. 总统预算办公室（OMB） 2. 国会预算局（CBO）	预算责任办公室	财政部预算司	财政部下属预算部	1. 财政部 2. 国库部 3. 总理和内阁办公室－PM&C	1. 内阁府经济财政咨问会议 2. 内阁府预算阁僚委员会 3. 财务省	巴西计划预算管理部

续表

序号	项目	美国	英国	德国	法国	澳大利亚	日本	巴西
8	主要支撑部门（提供什么信息或帮助？）	1. 经济顾问委员会、财政部（经济展望或经济计划）；2. 各支出部门（支出预测和计划）；3. 财政部（税收预测）	1. 英国收入和海关总署、就业和养老金部以及英国财政部等部门（预测和信息分享）；2. 财政部（维护和开发宏观模型得出预测结论）；3. 英格兰银行（定期会晤商讨利率走向预测）	1. 经济稳定委员会、专家顾问组、财政部（经济展望或经济计划）；2. 税收预测委员会；3. 各支出部门（编制计划）	1. 公共财政高级委员会（评估官方经济预测和经济目标的可靠性）；2. 各支出部门（支出预测与计划）；3. 经济事务部（宏观经济预测）	1. 财政部（协调和核定支出及非税收入）；2. 国库部（税收和战略结构重点等）；3. 各支出部门（支出预测）	1. 内阁府（计量分析室、内阁官房指定“国家战略担当大臣”为中期预算框架编制修订负责人）；2. 财务省（收入支出预测、主导与其他各省厅协调）；3. 各支出部门（编制计划、各支出部门均为各自编制计划的查定大臣）	1. 财政部（预算监督和执行）；2. 联邦预算秘书处（预算标准信息传播）；3. 各支出部门（支出预测和计划）；4. 财政部（税收预测）
9	编制的时期（年度预算编制之前或之后？）	与年度预算同时编制，一起递交国会	每年编制2份，分别与财政大臣的预算报告（通常每年3月）和秋季报告（通常每年11月底）一起提交给国会	与年度预算同时编制，一起递交国会	年度预算编制之后	同时（年度预算置于中期预算之中）	同时编制，2014年起致力于推进将年度预算置于中期预算内	年度预算编制之前
10	编制的流程	自下而上	不确定	自下而上	自上而下	自上而下	自下而上（首相决定权限、意志体现薄弱）	自上而下

续表

序号	项目	美国	英国	德国	法国	澳大利亚	日本	巴西
11	收支预测基础	现行制度与政策	现行制度与政策	现行制度与政策	现行制度与政策	现行政策与政策	现行制度与政策	现行制度与政策
12	收支预测是否滚动	滚动	滚动	滚动	滚动	滚动	不定	不滚动
13	中期预算是预测（E）还是预算计划（P）	E，P	E，P	E，P	E，P	E	E	E，P
14	中期预算期限（不含当年预算）	4年	4年	4年	3年	3年	3年（2014年起推行的《社会保障与税一体化改革》中提及将中期预算编制成5年、10年）	4年
15	支出预测负责机构	中央	中央	中央	中央	部门	中央	中央
16	中期预算预测每年更新几次	1次	2次	1次	1次	2次	2次（年中改定）	1次
17	各部门是否有再次分配资金的灵活性	否	不明	否	有限的灵活性	是	有限的灵活性	否

续表

序号	项目	美国	英国	德国	法国	澳大利亚	日本	巴西
18	中期预算是否融入到预算周期	是	是	是	是	是	是	否
19	中期预算对年度预算的法律约束力	与年度预算有联系，但没有法律约束力	与年度预算联系紧密	与年度预算联系紧密，但没有法律约束力	与年度预算联系紧密	与年度预算联系紧密	与年度预算联系紧密	没有法律约束力

资料来源：作者根据各国官方网站发布的信息汇总。

附表 1－2　　　　年度预算与中期预算的对比分析

	年度预算	中期预算
财政纪律（保证财政支出不超过财政能力范围）	关注短期宏观经济问题。	将短期宏观经济问题置于一个中期宏观经济视角及多部门视角中考虑。
政策、规划与预算之间的联系（显示了政府在优先安排支出项目上的能力与意愿）	很弱。由于政府的政策选择与资源约束情况联系性不强，所以一方面，政策没有可持续性；另一方面，支出结构不能体现政府的政策优先性。	政策制定受到现有资源约束强烈。因此在中期预算框架中，政策制定、规划与预算之间的联系比年度预算时要强得多。支出情况反映政府的支出优先顺序。
绩效与服务的提供（关系到所有资源的运作绩效，包括财力与人力资源）	因为关注的焦点是投入控制，所以结果导向性很弱，产出和成果不是关注的焦点。不太注重预算资金的绩效。	强调通过运用现有有限的资源产生可预测的产出和成果。这就形成了注重绩效的良好激励机制，服务的提供会得到改善。

续表

	年度预算	中期预算
地方政府的自主性	因为在年度预算框架下财政纪律的缺失，导致了对财政支出的控制过分细节化，地方政府的自主性很低。	地方政府有很强自主性。因为建立的财政纪律加强了预算约束，建立了责任机制，这会给予地方政府更多自主权，自行选择达到目标结果的路径。

资料来源：美国财政部官方网站。

附表1－3　　美国联邦政府和州政府中期预算的差异比较

序号	比较内容	联邦	州
1	名称	《The 2015 Long－Term Budget Outlook》	各州不同（马里兰州：《2016 Capital Budget Book》）
2	编制单位	总统预算办公室（OBM） 国会预算办公室（CBO）	州预算管理署 州资本预算办公室
3	发布时间	与年度预算同时	与年度预算同时
4	涵盖年限	10年期、25年期	各州不同（马里兰州为5年）
5	发布间隔	每年	每年
6	内容	综合预算	资本预算
7	是否考虑财政政策对宏观经济的影响	考虑	不考虑

资料来源：CBO，The 2015 Long－Term Budget Outlook，June 2015；Department of Budget and Management of Maryland，2016 Capital Budget Book.

附表 1－4　　美国联邦中期预算和马里兰州中期资本预算概览

联邦政府中期预算 （The 2015 Long－Term Budget Outlook，CBO）	马里兰州中期资本预算 （2016 Capital Budget Book，Department of Budget and Management of Maryland）
概述（未来十年预算展望、到 2040 年预算展望、庞大而不断增长的联邦债务会有什么后果、可选财政政策的影响、长期预算预测的不确定性有多大、决策者们有哪些选择） **第一章：联邦预算长期展望** 一、未来十年预算展望 二、长期预算不平衡 三、庞大且不断增长的联邦债务的后果 四、议会预算办公室产生长期预测的方法 五、到 2040 年的预测开支 六、到 2040 年的预测收入 七、相对去年长期预算展望的变化 **第二章：主要联邦医保方案长期展望** 一、主要政府医保方案的概览 二、医保开支的历史增长 三、不断上升的医保费用的长期应对 四、议会预算办公室进行联邦医保开支长期预测的方法 五、主要医保方案开支的长期预测 **第三章：社会保障的长期展望** 一、社会保障如何运作 二、社会保障开支和收入的展望 **第四章：其他联邦非利息开支的长期展望** 一、过去 50 年的其他联邦非利息开支 二、其他联邦非利息开支的长期预测 **第五章：联邦收入的长期展望** 一、过去 50 年的收入 二、议会预算办公室扩大展基线法下的收入预测 三、税率和税负的长期影响	概述（资本预算总额、资金来源、已批准项目的预算安排） 老人局 农业局 巴尔的摩市社区学院 马里兰聋哑学校 残疾局 州教育局 马里兰州能源局 环保局 马里兰州环境服务 卫生局 马里兰州高等教育委员会 圣玛丽市历史委员会 住房和社区发展局 信息科技局 青少儿服务局 军事局 摩根州立大学 自然资源局 规划局 马里兰公共广播委员会 公共安全和惩教服务局 公共学校建设项目 公共工程委员会 马里兰圣玛丽学院 州警察局 马里兰大学医疗系统

续表

联邦政府中期预算 （The 2015 Long－Term Budget Outlook，CBO）	马里兰州中期资本预算 （2016 Capital Budget Book，Department of Budget and Management of Maryland）
第六章：各种财政政策的宏观经济和预算效果	马里兰大学系统
一、联邦税收和支出政策的长期宏观经济影响	退伍军人事务局
二、扩展基线法的长期影响	杂项：
三、可选财政方案的长期效果	阿勒格尼博物馆
四、赤字更小化两个具体方案的长期效果	贝比鲁斯出生地和博物馆——马里兰体育体验
五、三个额外财政方案的短期宏观经济效果	巴尔的摩市艺术博物馆
第七章：长期预算预测的不确定性	克拉伦斯·伯恩斯纪念馆
一、死亡率、生产力、联邦债务利率以及医保和医疗补助联邦开支发生变化的长期预算效果	巴尔的摩市中心伙伴关系 东巴尔的摩生物科技园
二、与人口统计学、经济和其他趋势相关的不确定性的其他来源	戈兰基督教发展公司 立法创议补贴
三、经济的潜在发展及其对预算的影响	马里兰食品银行
四、财政政策设计的不确定因素	马里兰创作艺术中心
附录A：议会预算办公室对人口统计学、经济和其他趋势的预测	马里兰州医院协会 马里兰州独立学院和大学协会
附录B：自2014年7月以来议会预算办公室长期预测的变化	私立高等教育机构补贴项目 位于巴尔的摩的马里兰动物园
	基础设施改善
	卓越的国家网络安全中心（NIST）
	乔治王子医院系统
	斯特拉斯莫尔市政厅
	华特斯美术馆
	华盛顿街道照明工程计划交通局

资料来源：CBO，The 2015 Long－Term Budget Outlook，June 2015；Department of Budget and Management of Maryland，2016 Capital Budget Book.

附表 1-5　　德国联邦中期预算和州政府中期预算比较

序号	比较内容	联邦	州（以州级市柏林为例）
1	名称	Finanzplan des Bundes 2015 bis 2019（德国联邦政府 2015~2019 中期财政计划）	Finanzplanung von Berlin 2015 bis 2019（柏林市 2015~2019 中期财政计划）
2	编制单位	德国联邦财政部	柏林市财政部
3	发布时间	与年度预算同时	与年度预算同时
4	涵盖年限	5 年	5 年
5	发布间隔	每年	每年
6	内容	综合预算	综合预算
7	具体内容	（1）中期预算计划年度内的总体经济发展状况简述 （2）联邦财政年度预算与中期预算要点 （3）联邦财政支出 （4）联邦财政收入 （5）联邦财政与其他各层级财政之间关系的概要说明 （6）中期预算计划期限内几个重要支出项的预计说明 （7）中期预算计划期限内德国公共经济的发展趋势与展望	（1）过去一个财政年度经济、财政和社会发展状况回顾 （2）未来几年面临的挑战 （3）未来五年柏林经济发展规划 （4）未来五年柏林财政收入规划（包括：税收收入、团结公约、其他类别补充转移支付、其他收入、资产收益） （5）未来五年柏林财政支出规划（包括人员开支、实物消费支出、投资支出、联邦贷款偿还、利息支出） （6）未来五年柏林财政改革措施和战略 （7）未来五年柏林财政赤字发展目标 （8）未来五年柏林政府债务规划

资料来源：Finanzplan des Bundes 2015 bis 2019（德国联邦政府 2015~2019 中期财政计划），Finanzplanung von Berlin 2015 bis 2019（柏林市 2015~2019 年中期财政规划）。

附表 1－6　　日本中央中期预算和丸亀市中期预算比较

日本中期财政框架	丸亀市中期财政框架（2013 年 9 月改订版）
2013 年 8 月 31 日改订内阁决议版 概述（编制背景、期间等） 一、修订基本方针 二、修订具体内容 1. 公债 2. 政府收入 3. 政府支出 三、相关报告摘要 1.《内阁府试算》 2.《后年度收支影响试算》 2013 年未改订内阁审议版： 一、财政健全化目标 1. 基本财政收支赤字占 GDP 的比重在 2015 年以前实现比 2010 年减半目标； 2. 2020 年实现基本财政收支平衡； 3. 2020 年以后实现债务余额占 GDP 之比平衡下降。 二、为达成上述财政健全化目标，2014 年和 2015 年需分别制定 4 万亿的收支改善计划。因此，需要确定各不同领域的支出削减计划以及具体实施方案。 三、需处理好一时性景气改善带来的财政收入增加情况，避免因此增加不必要的财政支出。 四、地方财政应维持 2010 年度一般财源总额规模。 五、相关报告 1.《内阁府试算》 2.《后年度收支影响试算》	概述 编制目的 基本事项（期间、收支框架、推测基础等） 经常性收入说明 市税、地方交付税、临时财政对策性地方债、地方让与税及交付金等 经常性支出说明 人事支出、扶助（社保等）支出、公债支出、基础设施维护修缮及补助支出、国民保险补助支出市级负担部分等 资本预算项目说明 市政办公建筑群整备扩充 紧急防灾、减灾设施扩充建设 计划年度内正在施工进度尚未完成的公共设施建设 大手町周边地区的公共设施整合扩建

资料来源：日本财务省、总务省、首相官邸、内阁府、国家战略室、丸亀市政府官方网站、2011 年 6 月 21 日第 177 回国会众议院预算委员会议纪要、《东日本激灾复兴新闻（东北关东综合版）》2013 年 8 月 29 日、2015 年 3 月 10 日第 189 回国会众议院预算委员会第二分科会议纪要、2015 年 8 月 22 日市政议会计划审议会议纪要。

第二章 英 国

1963 年，英国开始编制“公共支出调查”（PES - public expenditure survey），当时是一种五年期（预算年度及其以后 4 年）公共支出先行调查，用不变价格计算。1973 年，公共支出调查被称赞为“完全成熟，是西方国家在该领域的最重大创新”。20 世纪 70 年代中期，由于受石油价格上涨的冲击，经济萧条，预算数与实际严重不符，因此 5 年期预算中最后 2 年的数字十分不可靠，意义不大。因此 1975 年，英国财政部设计、开发和安装了一个财政信息系统，1976 年引入现金限额，1982 年取消不变价格在公共支出调查中的基础地位。后来公共支出调查的时间跨度从五年逐渐缩减到三年。修改后的公共支出调查广泛实行现金限额，这样可以更好地控制公共支出总量，并加强了公共支出调查与年度预算的联系①。

英国正式的中期预算编制始于 1998 年，之前编制的中期预算世界银行将其归为中期预算的第 1 阶段即“中期财政框架（某些部门试点中期预算框架）”，之后编制的中期预算为世行所定义的中期预算的第 3 阶段也是目前为止的最高阶段即“中期绩效框架”。

① 亚洲开发银行编著：《政府支出管理》，财政部科研所译，人民出版社，2001 年，第 361 页。

一、基本情况

（一）中期预算编制机构及其职能[①]

英国与预算相关的机构主要分三类，一是独立的机构包括预算责任办公室（OBR，Office for Budget Responsibility）、国家统计办公室（Office for National Statistics）和英格兰银行（Bank of England）；二是财政部及其所属机构，包括英国债务管理办公室（UK Debt Management Office）和国家储蓄投资账户（National Savings & Investment）；三是立法和监督机构，包括立法机构（Legislature）和国家审计办公室（National Audit Office）。

1. 中期预算的编制机构——预算责任办公室及其职能

目前英国中期预算的编制由预算责任办公室会同其他相关部门一起来完成。预算责任办公室成立于2010年，是一个独立机构，为英国财政提供独立和官方授权的分析。预算责任办公室由预算责任委员会（BRC－the Budget Responsibility Committee）的三个委员来领导，他们是Robert Chote（主席）、Steve Nickell（二等勋位爵士）和Graham Parker（二等勋位爵士）。预算责任办公室的“监督委员会”（Oversight Board）负责风险控制、监督和内部监督，由预算责任委员会的上述三名委员及两名非执行委员构成。预算责任办公室的“经济和财政专家顾问小组”（Advisory Panel of economic and fiscal experts）定期召开会议，向该办公室提供工作计划和分析方法方面的建议，小组目前成员包括英格兰银行的Ben Broadbent等七人。预算责任办公室目前还有17位长期公务员，这些人由Andy King领导。

预算责任办公室有五项主要的职能：

一是每年两次提供经济和财政状况的五年预测。预测随财政大臣的预算报告（通常每年3月）和秋季报告（通常每年11月底）一同提交给国会，预测中包括财政大臣宣布的所有收入和支出措施对财政状况的影响。预测的详细情况还可参见该办公室编制的“经济和财政展望”（EFO－Economic and fiscal outlook）。

① 资料来源：Office for Budget Responsibility网站信息。

该办公室编制的年度“预测评估报告”（FER – Forecast evaluation report）每年秋季颁布，对经济和财政展望报告与后来的实际结果进行比较。

二是用财政预测来评价政府目标的完成情况。政府已经设立两个中期财政目标：一是在五年内经周期调节后的经常性预算实现平衡；二是在2015/2016财年实现公共部门净债务的下降。在经济和财政展望中，预算责任办公室评价在目前政策下这两项目标实现的可能性是否超过50%，还会检测在财政预测的各项可能的不确定因素的作用下，评价的可靠性如何。

三是核对财政部税收和福利支出措施的成本。在预算准备阶段和秋季报告期间，在考虑各种详细挑战的情况下，对政府计算的税收和支出措施的成本草案进行详细审核，之后在“经济和财政展望”、“财政部政策成本文件”中说明办公室对政府最终颁布的合理的评估中的成本计算的看法。

四是评估财政的长期可持续性。该办公室的年度“财政可持续性报告”（Fiscal sustainability report）中为各种支出、收入和交易设定了长期计划，并评估这些计划是否会影响到财政可持续性和实现公共部门债务的健康运行。

五是为了有利于对福利支出开展公开和建设性的对话，该办公室负责评估政府福利限额的绩效以及在该办公室的年度“福利趋势报告”（Welfare trends report）中发布福利支出趋势等信息。

除上述五项主要职能外，该办公室还负责向苏格兰政府提供收入预测，提供公共宣传与服务，回答国会的疑问并提供支撑信息等等服务。

2. 预算责任办公室与其他预算相关单位的合作关系及其依据

预算责任办公室需要与一些负责对公共财政状况产生影响的各种收入、支出和交易活动进行预测的政府司局密切合作。预算责任办公室也有责任向财政大臣提供进行税收和支出决策所需要的财政和经济预测。为确保预算责任办公室的独立性不遭受质疑，该办公室认为办公室与政府的互动方式的透明性很重要。

“谅解备忘录”（Memorandum of Understanding）确立了预算责任办公室、英国收入和海关总署、就业和养老金部，以及英国财政部的工作关系。谅解备忘录确立了为保障高效的合作的制度安排、每个机构主要责任的范围、预测程序的协调，以及信息分享的程序。

预算责任办公室的简报“简报1：预测公共财政状况”描述了预算责任办公室如何与部委一起得出财政预测的各种不同要素。

预算责任办公室使用大型的宏观模型来得出经济预测结论，这个模型是财政部与其一起维护和开发的。关于模型的联合管理、监督和完善在文件“谅解备忘录——宏观模型”中具体规定。

预算责任办公室从财政部获取经费，最新达成的协议是从2014/2015财年开始的为期4年的合约，2014/2015财年的预算是208万英镑，到2017/2018财年增加到219万英镑。合约详情可见“财政部常务秘书给OBR主席的关于OBR经费的信（Letter from HM Treasury Permanent Secretary to Chair of the OBR regarding the OBR funding allocation）”。

预算责任办公室也向财政部购买一些管理服务，例如人力资源和财务服务，详细内容可见文件“服务协议”（a Service level agreement）。

预算责任办公室在维多利亚街20号办公，也从总检察官办公室（the Attorney General's Office）购买一些服务（如网络支持服务），具体详情可参考预算责任办公室和总检察官办公室的协议。

尽管与英格兰银行的职员定期会晤商讨利率走向预测问题，但是预算责任办公室与英格兰银行没有正式的关系。

（二）中期预算编制程序

预算责任办公室与相关机构合作作出预测。英国中期预算的编制由预算责任办公室会同其他相关部门一起来完成。预算责任办公室需要与一些负责对公共财政状况产生影响的各种收入、支出和交易活动进行预测的相关机构密切合作，一起得出财政预测的各种不同要素，这些机构主要有收入和海关总署、就业和养老金部、英格兰银行以及财政部。预算责任办公室使用大型的宏观模型得出经济预测结论。

预算责任办公室对政府的收支结论（税收和福利支出等）进行审核。在预算准备阶段和秋季报告期间，在考虑各种详细挑战的情况下，对政府计算的税收和支出措施的成本草案进行详细审核，之后在“经济和财政展望”、“财政部政策成本文件”中说明办公室对政府最终颁布的合理的评估中的成本计算的看法。

预算责任办公室的预测结果每年两次提交国会审议。预算责任办公室每年两次提供经济和财政状况的五年预测。预测随财政大臣的预算报告（通常每年 3 月）和秋季报告（通常每年 11 月底）一同提交给国会审议。预算责任办公室的预测内容包括经济形势和财政状况预测、管理总支出预测和经常性收入预测，预算责任办公室还设定部门支出限额和福利限额来约束部门支出和福利支出的增长。财政大臣提交的预算报告是依据预算责任办公室的预测编制的。

（三）预算责任办公室提供中期预算相关服务的法律依据

预算责任办公室是一家非政府公共机构，依据“预算责任和国家审计法案 2011”（the Budget Responsibility and National Audit Act 2011）行驶职责。法案规定了办公室的成立，明确了其职责和管理构架。

“预算责任章程”（the Charter for Budget Responsibility）规定了预算责任办公室的职责、其颁布的主要报告的内容、其预测和其他主要报告的时间安排。在 2014 年 3 月的修订中，章程给该办公室新增了设立福利限额的责任，在 2014 年 12 月的修订中，政府强化了对财政政策的掌控。

“框架文件”（Framework document）是由财政部制定、经预算责任办公室认可的文件，内容是关于预算责任办公室的监督和管理的制度安排。文件描述了预算责任办公室的作用，如何向国会和财政大臣负责，办公室的监督和管理，会计办公室的责任，年度报告的内容，审计安排，管理和预算程序。框架文件在 2014 年 5 月被重新评估并进行了修订。

“谅解备忘录”（Memorandum of Understanding）确立了预算责任办公室、英国收入和海关总署、就业和养老金部，以及英国财政部的工作关系的法律文件。

英国是欧盟成员国，欧盟对其中期报告的要求体现在“马斯特里赫特条约”和“稳定与增长协定”中。1993 年以来，欧盟要求其成员国定期公布中期计划，由其经济与金融委员会详细审查各成员国的相关计划。欧元区成员（英国不是其成员）每年必须递交一份稳定计划，内容为至少涵盖今后三年的政府的赤字和债务的中期预测；对赤字和债务进行预测的主要假设；为达到预定目标正在采取或者建议采取的预算措施[①]。

---

① 亚洲开发银行编著：《政府支出管理》，财政部科研所译，人民出版社，2001 年 12 月，第 423 页。

二、主要内容

(一) 中期预算包括的内容

总的来看，英国中期预算涵盖的年度是3~5年，这个涵盖年度是变化的，在每年编制预算时确定，最新的中期预算涵盖年度是4年，之前的一般是3或4年。

英国中期预算不仅包括中央和地方政府的收支，还包括整个公共部门的收支安排，支出方面基本上是大的条条框框，每项有10%的调整空间以备经济形势发生没有预料到的大幅变动，同时支出按优先顺序排序，1%的资金留作储备金。

预算责任办公室为履行其监督和报告财政可持续性的职责会发布多种报告，这些报告都是英国中期预算的重要文件和组成部分，其中最主要的文件包括：(1)“经济和财政展望”(Economic and fiscal outlook)，一年两次分别在春季(与预算一起)和秋季发布，报告对经济和财政状况进行预测，预测期为五年，并对政府为实现财政目标的努力过程进行评估。(2)“财政可持续性报告”(Fiscal sustainability report)，列出公共支出和税收收入的长期计划、公共部门的资产负债表、能反映财政长期可持续性的简要指标。(3)“预测评估报告”(Forecast evaluation report)，从过去预测的经验中总结有利于预测工作未来改进的做法。(4)“福利趋势报告”(Welfare trends report)，描述社会保障和税式支出(tax credits spending)的详情。同时还发布“简报”(Briefing papers)，总结所做的工作并对发布的资料进行解释；发布“讨论报告”(Discussion papers)，收集对办公室工作的评价；发布“工作报告”(Working papers)和“临时报告”(Occasional papers)。还编制“财政状况月度报告”(Monthly public finances update)和新闻发布稿(Press releases)①。

1. 支出预测和支出限额

在支出方面，预算责任办公室设定“部门支出限额”(DEL – Department

① 资料来源：Office for Budget Responsibility 网站信息。

Expenditure Limit）和除养老金和稳定器外的滚动社会保障限额，并对管理总支出进行预测，详情如下：

福利限额。2014 年预算中，政府开始实施“福利限额”（Welfare cap）来管束福利支出的大幅增长。限额对福利总支出设定严格的限额，福利总支出是指年度管理支出（AME－Annually Managed Expenditure）中除国家养老金和自动稳定器（the state pension and automatic stabilisers）外的所有社会福利支出。预算责任办公室在每年的秋季对政府履行福利支出限额的情况进行评估。根据预算责任办公室的信息，2015/2016 财年到 2019/2020 财年，福利支出的限额分别为 1197 亿英镑、1223 亿英镑、1248 亿英镑、1270 亿英镑和 1298 亿英镑。预算责任办公室“2014 秋季报告”的评估结果是，福利支出在福利支出限额之内，下次报告将在 2015 年秋季完成[①]。

管理总支出预测。政府设定的财政假定是：2016/2017 和 2017/2018 财年，管理总支出将按 2010/2011 到 2014/2015 财年期间的相同比率进行下调；在 2018/2019 财年，管理总支出的实际数维持不变；在 2019/2020 财年，管理总支出将随名义 GDP 的增减同比变化，管理总支出详情如表 2－1 所示。

隐含的部门支出限额。政府对 2016/2017 财年到 2019/2020 财年的财政假定、以及预算责任办公室对年度管理支出的预测（不包括 2015 预算的年度管理支出政策决议）和公共部门总投资（PSGI－Public sector gross investment）假定，规定了包括折旧在内的隐含的部门支出限额。预算责任办公室的年度管理支出预测与“2014 秋季报告”的减少额就是隐含的部门支出限额的增加额（见表 2－1）。

部门支出限额。表 2－2 显示的是“2010 年春季评估”（Spending Review 2010）和“2013 支出循环”（Spending Round 2013）中的部门支出限额情况，并根据 2015 预算决议的措施进行了调整。部门比要求的目标花费得更少，根据预测，2014/2015 财年，部门支出比限额少支出了 35 亿英镑。根据预测，2015/2016 财年，部门支出也会继续低于限额，2015/2016 财年是限定部门预算的最后一年。

---

① 资料来源：HM Treasury，Budget 2015，P30.

表 2－1 **管理总支出**（2014/2015～2019/2020） 单位：10 亿英镑

	2014/2015	2015/2016	2016/2017	2017/2018	2018/2019	2019/2020
经常性支出						
年度管理支出（AME）	332.5	235.7	347.0	361.5	375.5	389.7
部门支出限额（DEL），不包括折旧	315.6	316.3				
折旧	21.3	22.3				
隐含的部门支出限额，包括折旧			*323.8*	*312.0*	*310.1*	*330.4*
公共部门经常性支出	669.3	674.3	670.9	673.4	685.6	720.1
资本性支出						
资本性年度管理支出（AME）	22.2	20.6	21.7	21.6	21.2	21.5
资本性部门支出限额（DEL）	45.6	47.7				
隐含资本性的部门支出限额			*47.7*	*48.9*	*52.4*	*55.7*
公共部门总投资	67.8	68.3	69.4	70.5	73.6	77.2
管理总支出	737.1	742.6	740.3	743.9	759.2	797.3
管理总支出占GDP 比重	*40.7%*	*39.6%*	*38.1%*	*36.8%*	*36.0%*	*36.0%*

备注：2010/2011 到 2014/2015 财年，管理总支出的平均年实际增长率为 －1.1%

资料来源：HM Treasury，Budget 2015，P68。

表 2－2　　部门支出限额（2014/2015～2015/2016）　　单位：10亿英镑

	估计 2014/2015	计划 2015/2016
部门计划和管理预算（部门支出限额不包括折旧）		
教育	52.6	53.5
医疗卫生	109.3	111.8
交通	2.5	2.4
CLG 社区	2.2	2.7
CLG 地方政府	13.7	10.5
商业、创新和技术	13.7	13.4
内政部	11.2	10.3
司法部	7.1	6.4
检察官部	0.6	0.5
国防	26.7	28.4
外交和联邦事务办公室	1.7	1.1
国际发展	7.3	8.4
能源和气候变化	1.4	1.4
环境、食品和农村事务	1.7	1.7
文化、媒体和体育	1.2	1.2
就业和养老金	6.9	6.4
苏格兰	25.7	25.5
威尔士	13.8	12.9
北爱尔兰	9.7	9.8
大法官部	3.4	3.5
内阁办公室	2.4	2.2
小型独立机构	1.7	1.5

续表

	估计 2014/2015	计划 2015/2016
储备金	0.0	1.9
特别储备金	0.0	0.2
调整	0.0	-0.5
部门支出限额计划汇总（不包括折旧）	316.5	316.9
预算责任办公室对差额的修正	*-0.9*	*-0.6*
预算责任办公室的部门支出限额（不包括折旧）预测	*315.6*	*316.3*
资本性部门支出限额		
教育	4.3	4.9
医疗卫生	4.0	4.8
交通	9.4	9.7
CLG 社区	4.6	5.3
CLG 地方政府	0.0	0.0
商业、创新和技术	2.2	4.0
内政部	0.4	0.4
司法部	0.3	0.3
检察官部	0.0	0.0
国防	7.8	7.0
外交和联邦事务办公室	0.2	0.1
国际发展	2.4	2.6
能源和气候变化	2.3	2.6
环境、食品和农村事务	0.6	0.5
文化、媒体和体育	0.3	0.4
就业和养老金	0.2	0.2
苏格兰	3.5	3.1

续表

	估计 2014/2015	计划 2015/2016
威尔士	1.5	1.5
北爱尔兰	1.1	1.1
大法官部	0.3	0.1
内阁办公室	0.4	0.4
小型独立机构	0.1	0.1
储备金	0.0	0.9
特别储备金	0.0	0.1
调整	0.0	-1.9
资本性部门支出限额计划汇总	45.9	48.2
预算责任办公室对差额的修正	*-0.3*	*-0.5*
预算责任办公室的资本性部门支出限额预测	*45.6*	*47.7*

资料来源：HM Treasury, Budget 2015, P70。

2. 经常性收入预测

预算责任办公室还对经常性收入进行预测，最重要的税种是个人所得税，其次是国家社会保险缴费，再次是增值税，各税种的预测情况如表 2-3 所示。根据预测结果，经常性收入平稳增加，年均增长率为 4.3%，2014/2015 财年经常性收入预计为 6469 亿英镑，到 2019/2020 财年预计会增加到 8043 亿英镑。

表 2-3　预算责任办公室对经常性收入的预测（2013/2014～2019/2020）

单位：10 亿英镑

	2013/2014	预　测					
		2014/2015	2015/2016	2016/2017	2017/2018	2018/2019	2019/2020
（个人）所得税（包括税收优惠）	157.7	162.6	170.5	182.0	192.7	202.8	216.5
国家社会保险缴费	107.3	108.7	113.2	123.9	129.2	135.4	142.7

续表

	2013/2014	预测					
		2014/2015	2015/2016	2016/2017	2017/2018	2018/2019	2019/2020
增值税	106.5	110.8	114.3	117.7	121.4	125.9	131.1
公司（所得）税	40.3	42.4	43.0	43.6	44.6	45.6	46.6
公司(所得)税优惠	-1.0	-0.9	-0.9	-0.9	-1.0	-1.0	-1.0
石油收入税	1.1	0.5	0.0	-0.1	0.0	0.0	0.0
燃料税	26.9	27.2	27.0	27.2	27.6	28.2	28.8
商业税 (business rates)	26.8	27.3	28.0	29.0	29.5	30.7	32.0
（住宅）财产税 (council tax)	27.5	27.9	28.3	28.8	29.5	30.2	31.1
增值税退税	13.8	13.9	13.9	13.2	12.7	12.7	13.4
资本利得税	3.9	5.7	6.5	7.3	8.0	8.8	9.8
遗产税	3.4	3.8	4.2	4.6	5.1	5.7	6.4
印花税：土地	9.4	10.9	10.4	11.8	13.8	16.0	18.0
印花税：股票	3.1	3.0	3.3	3.4	3.5	3.6	3.9
烟草税	9.6	9.4	9.1	9.0	9.1	9.2	9.3
白酒税	2.9	3.2	3.2	3.3	3.5	3.6	3.7
葡萄酒税	3.7	3.9	3.9	4.1	4.4	4.6	4.9
啤酒和苹果酒税	3.7	3.7	3.4	3.4	3.6	3.6	3.6
航空旅客税	3.0	3.2	3.1	3.2	3.4	3.5	3.7
保险费税	3.0	3.0	3.0	3.1	3.1	3.2	3.2
气候变化税	1.2	1.7	2.0	2.0	1.8	1.7	1.6
其他海关税	6.5	6.5	6.8	6.6	6.9	7.1	7.3
车辆消费税	6.1	6.1	5.8	5.6	5.5	5.3	5.1
银行税	2.3	2.8	3.6	3.8	3.7	3.7	3.7

续表

	2013/2014	预测					
		2014/2015	2015/2016	2016/2017	2017/2018	2018/2019	2019/2020
牌照费收入	3.1	3.1	3.1	3.1	3.1	3.2	3.3
环境税	3.1	4.8	5.9	6.8	7.3	8.7	9.4
欧盟碳排放交易体系拍卖收入	0.4	0.3	0.3	0.3	0.4	0.4	0.6
苏格兰税	0.0	0.0	0.5	0.6	0.7	0.8	0.9
利润转移税	0.0	0.0	0.0	0.3	0.4	0.3	0.4
其他	7.3	7.2	6.5	6.1	6.0	5.9	6.0
国家账户税收收入	582.6	602.4	622.1	652.7	679.4	709.5	746.2
减对欧盟的缴费	-2.9	-2.9	-2.6	-2.2	-2.3	-2.4	-2.6
利息和红利	5.9	6.4	6.7	7.5	9.2	10.7	11.9
营运盈余	36.7	38.2	39.6	41.4	43.2	45.1	47.2
其他收入	1.8	2.9	1.5	1.5	1.6	1.6	1.6
经常性收入	624.1	646.9	667.4	700.9	731.2	764.5	804.3
备忘：英国油气收入	*4.7*	*2.6*	*0.7*	*0.6*	*0.7*	*0.8*	*0.7*

资料来源：HM Treasury, Budget 2015, March 2015, P110。

（二）中期预算编制方法

英国采用权责发生制会计原则。中期预算编制的前提和基础是预测，预算责任办公室使用大型的宏观模型得出经济预测结果。中期预算根据政府设定的中期财政目标来制定，目前预算责任办公室设定的两个财政目标是：一是在五年内经周期调节后的经常性预算实现平衡；二是在2015/2016财年实现公共部门净债务的下降，中期预算在这样的框架下编制。预算责任办公室在编制中期预算时，对部门支出和福利总支出（年度管理支出中除国家养老金和自动稳定器外的所有社会福利支出）进行限额管理，在政府的财政假定条件下对管理总支出进行预测，假定条件是2016/2017和2017/2018财年，管理总支出将按 2010/2011 到 2014/2015 财年期间的相同比率进行下调，在 2018/2019 财年，管理总支出的实际数维持不变，在 2019/2020 财年，管理总支出将随名义 GDP 的增减同比变化。

三、简要评述

（一）中期预算发挥的作用

英国中期预算对政府财政政策是有一定约束力的，作用具体体现在以下几个方面：

一是预算责任办公室编制的相关中期预算报告随财政大臣的预算报告（通常每年 3 月）和秋季报告（通常每年 11 月底）一同提交给国会审议。

二是财政大臣提交的（年度）预算报告是根据预算责任办公室编制的中期预算相关预测结果编制的。财政大臣对新年度预算的建议等必须经过预算责任办公室对其对收支的影响进行详细的审核。

三是英国中期预算对社保支出和部门支出规定了上限，并按期对是否突破该上限进行审核，虽然这项规定并不具有强制的约束力，但是实际情况是这个限额在近期从没有被突破过。

四是英国中期预算对管理总支出进行预测，由于预测基于确定的政府已经设立的假定条件，即 2016/2017 和 2017/2018 财年，管理总支出将按 2010/2011 到 2014/2015 财年期间的相同比率进行下调，在 2018/2019 财年，管理总支出的实际数维持不变，在 2019/2020 财年，管理总支出将随名义 GDP 的增减同比变化。这是硬性的规定，不能突破，支出只能在这个框架内安排，因此对支出产生有效的约束。

五是英国中期预算对预算有约束，发挥影响，对预算的执行和财政状况的改善仍然有约束并发挥作用：预算责任办公室编制“年度预测评估报告”对“经济和财政展望报告”与执行的实际结果进行比较；“经济和财政展望报告”中，预算责任办公室评价在目前政策下政府设定的两个中期财政目标实现的可能性是否超过 50%，还会检测在财政预测的各项可能的不确定因素的作用下，评价的可靠性如何，对政府为实现财政目标的绩效进行评估；预算责任办公室评估福利限额的绩效；“财政可持续性报告”对财政长期可持续性进行评审；“预测评估报告”对经验进行总结，对未来提出建议。

（二）中期预算与年度预算的关系

英国中期预算与年度预算的关系在世界各国中是最为紧密的，预算责任办公室的预测随财政大臣的预算报告（通常每年 3 月）一同提交给国会，预测中包括财政大臣宣布的所有收入和支出措施对财政状况的影响，财政大臣提交的年度预算报告是根据预算责任办公室编制的中期预算相关预测结果编制的，财政大臣对年度预算的建议等必须经过预算责任办公室对其对收支的影响进行详细的审核。

（三）中期预算的效果

在英国，中期预算就是作为财政可持续的重要举措而生的，起着实现财政长期可持续发展的作用，具体体现为：

一是中期财政目标是中期预算编制的依据，例如政府设定管理支出的增减变动原则、预算责任办公室设定了两个中期财政目标，这些保证了财政的长期可持续发展。

二是中期预算是对政府支出冲动的约束。财政大臣提交的预算报告根据预算责任办公室编制的中期预算相关预测结果编制，财政大臣对新年度预算的建议等必须经过预算责任办公室对其对收支的影响进行详细的审核，其长期影响也体现在中期预算中，因此是对政府扩张和支出冲动的强有力约束。

三是为控制支出，特别是增长较快的社会保障支出和部门支出，中期预算对社保支出和部门支出规定了上限，并按期对是否突破该上限进行审核，虽然这项规定并不具有强制的约束力，但是实际情况是这个限额在近期从没有被突破过，在控制支出方面发挥重要作用。

四是中期预算各相关报告对财政可持续情况进行全面、多方位的评估，例如“年度预测评估报告”对“经济和财政展望报告”与执行的实际结果进行比较；“经济和财政展望报告”中，预算责任办公室评价在目前政策下政府设定的两个中期财政目标实现的可能性进行评估；“财政可持续性报告”对财政长期可持续性进行评估。

（四）中期预算编制存在的问题及未来改革方向

中期预算编制的最大难度在于预测。在收入预测方面，难以预期可能导致收入的大幅波动，增加了预测的难度；有些收入与经济状况联系不大，与个人的决定有关，例如房地产交易类税收收入，像这类收入预测基本上难以有迹可循，难以预测。为了增加收入预测的可靠性，要加大对经济状况的预测水平，按照现实情况和预测结果对公式和参数进行必要的调整和改良，同时也要认识到很多因素也是无法预测的。在支出预测方面难度要稍小些，但是系统性风险对财政支出的冲击很大，还需加大预测的能力。例如全球金融危机中，金融机构的系统性风险对财政造成重大挑战。

国际货币基金组织对英国中期预算的建议如下①：（1）英国政府应该对预算责任办公室的财政可持续分析作出实质性的回应，编制一份综合的财政风险报告；（2）英国政府对中期预算的评估要在考虑财政目标如何能对财政收支更有约束力的同时，还能在处理外部风险时具有灵活性。（3）议会在背书（endorsing）和监督政府中期财政战略上应该发挥更积极和及时的作用②。

① IMF, Budget Institutions in G20 Countries—Country Evaluations, P91 -96.

② 这里用的词是 endorsing，本书将其翻译为背书，文中特别强调了国会不能批准（approval）。

第三章 德　　国

一、基本情况

中期预算是德国财政预算体系中的重要组成部分。20 世纪 60 年代，部分西方发达市场经济国家就开始实施编制政府中期预算的财政管理体系，目的在于让政府部门更有效地掌控财政收入与支出的平衡状况，更加注重本级财政发展的前瞻性和可持续性。这种财政管理体系和具体方式在一些典型的市场经济国家传播开来，被各国的政府首脑所接受。德国的中期预算始于 1967 年，此时由于分裂的东西两德尚未统一，因此实施中期预算的只是当时的联邦德国政府。1990 年两德统一以后，才开始有完整的德国联邦政府的财政中期预算。

（一）中期预算的必要性与相关法律规定

1. 中期预算的必要性。中期预算（Mittelfristige Finanzplanung，中期财政计划）的编制对单一年度的财政预算（Finanzhaushalt 财政预算）决策有重要的参考价值。首先，中期预算的编制体现了未来三至五年的财政经济的发展方向，对每年度的收入与支出给出了计划性的预测数据，在编制单一年度的财政预算草案时，如果没有特殊事项即可按照或参考中期预算中当年的收支预测数据来制定，使年度预算始终不脱离整体的发展规划。其次，在遇有新的对宏观经济进行调控的政策措施、新的财政经济改革计划，以及法律制度条款的制定、修订和变更的情况下，及时地将其给财政收支带来的影响进行掌控，作出较为准确的预测，并在未来几年的中期预算规划中体现出来，能够适时调整整体发展方向与近期目标。再次，对某项具体的财政政策实施过程中，有必要顾及该政策在有效期限内对财政收入与支出的影响，这样的影响可以通过较为具体的预测，将其产生的减收或减支状况在中期预算中显现出来，而在政策实施期满之后，可以及时将其产生的收支变化影响剔除，恢复到正常状态，如此能够使每年度的财政预算更为精准。最后，通过中期预算可以避免由于长期财政政策的失误而产生的不利影响。中期预算的编制可利于有效地识别长期政策在实践过程的正误，一旦认识到政策本身的失误，可及时对政策进行调整修正，必要时可采取强制手段进行纠误，其产生的不利影响也可在未来几年中的财政收支规划中逐步排除。除此之外，有效控制高额的经常性财政赤字和累计的政府债务，也是促使政府编制财政中期预算的直接原因。

2. 编制中期预算的对象科目。编制中期预算具有不同的形式，涉及不同层次不同范围的对象科目，如总收入与总支出的中期预算、单一科目的收入、单一科目的支出中期预算、专项任务的相关科目中期预算等形式，其中最全面最详细的是包括所有收入与支出科目的财政预算形式，也就是说不仅仅是编制总收入与总支出的中期预算，也不仅仅是单一财政专项收入或支出任务的中期预算。联邦政府和各州政府编制中期预算均采用所有收入与支出科目的形式。在中期预算的框架下，人们可以更为清晰地了解一定时期内的财政发展规划，财政规划的目的、成果需在年度财政计划中逐步体现出来，发展的方向也需与以后的中期规划保持一致。

3. 编制中期预算的时限区间。中期预算的编制计划可以定为三年也可以定为五年。德国联邦政府和各州政府的中期预算规定为五年。一般第一年为运行中的财政年度（也是自然年度），中期预算的第二年是预算草案公布的即将到来年度，再以此类推至以后的三年，形成五年的预算规划年度区间。而一个长期的财政规划总会带有各种不确定性，这些不确定性有可能导致运行中规划目标方向的偏离。

4. 制定中期预算的主体。财政预算草案是由财政部或是有一个专门的计划部门来制定，取决于政府部门内部的事责分配形式。就中期预算与年度预算之间紧密结合的关系而言，这两项预算编制工作应由一个部门进行，通常由财政部来完成。如果将中期预算与年度预算分别由两个部门独立制订，像一般情况下发展中国家在年度预算与发展计划（规划）制定上的案例，则很可能会导致十分显著的困难，将会产生许多需要协调、更改、变动的问题。

中期预算是一个政府计划。中期预算制定后将同下一年度的“财政预算法草案”一起被提交给议会进行咨询与质询。中期预算草案不需要由立法者表决通过。

5. 制定中期预算的时间。由于中期预算与年度预算之间联系极为紧密，其目的性是一致的，年度预算的目标与中期预算目标也是相适应的，因此中期与年度预算一般应一起制订。在年终时依据下一时期内支出和经济发展的重点来制订新的年度预算和新的中期预算。

6. 中期预算的稳定性与灵活性。中期预算计划方案在其规划时期内需要保持必要的稳固性，并要与下一期的中期预算相互衔接，其阶段性目标应尽可能地保持一致，以减少规划中方向性的重大起伏波动。同时它也需要与政府的经济发展规划相结合，把握适当的灵活性，一个过分刚性的中期预算计划方案往往由于缺乏伸缩性和灵活性而难以贯彻执行下去，规划的目标也难以实现。对中期预算的灵活调整需要反映出整体经济景气状况的变化，也要根据现实中由于各种因素影响而引起财政收支变化的情况，对中期预算进行及时的调控。为此，中期预算的灵活性可以是针对预期内每一年的某些项目进行重新修订，同时也可针对某一年的具体项目进行修正调整。

（二）中期预算的运行操作方式

1. 支出与收入中期预算。中期预算所包含的内容最低线是支出方面的计划。在制订支出中期预算时要特别注意“一般经常性现金支出预算”与“为应对风险而采取的改善总供给措施的支出预算”之间的区别。从中期预算的完整性上看，它应包括收入和支出两个方面。建立一个完善的税收预测体系对于准确调查规划期限内的税收收入是十分必要的。而可靠有效的税收收入预测对整体经济的中期规划将起到强有力的支撑作用。

制订完整的中期预算（包括支出和收入两部分）是更能有效预测并掌握预算年度赤字以及政府累计债务发展状况的方式，它能较为准确地预测国家的财政经济动态趋势。

2. 中期预算的总体经济目标与方向。政府财政的收入和支出是与总体经济的发展相适应的，也是与国民经济的实际效能不可分割的。实现这一目的的前提条件是建立一套总体经济发展的中期规划方案，而这一规划方案必须以反映宏观经济状况的真实完整的信息数据资料为基础，联邦政府认为，这一点尤为重要。这样才能使财政中期预算的目标与总体经济发展方向始终保持一致。

准确的总体经济形式预测评估对中期财政预算的制定具有极为重要的意义，因此对每年的经济景气状况进行预测分析也是中期预算体系的重要组成部分。政府部门对制定总体经济发展规划的前两年有较准确的把握，而在计划期的后三年则要尽可能地避免发生重大周期波动，对已知的经济发展的宏观风险（即经济发展的周期性）运用财政金融政策进行调控，并要考虑到财政政策的连续性与可持续性。这种“反周期”的调控同时要顾及私人经济运行对总体经济发展规划的影响。

3. 物价上涨与价格调整在中期预算制订过程中的处理。物价上涨与价格调整在中期预算中由于计划期时间较长而成为一个实际操作上的难题。解决这一难题的基本原则有以下两条：（1）中期预算计划全部用固定价格（不变价）；（2）中期预算计划全部用现行价。

中期预算计划用现行价具有如下优点：（1）由于收入与支出在所有年度都采用同样的价格基础，因此相互之间可以直接进行比较而不用折算；（2）对每年财政收支差额的实际数据可以一目了然，比较直观；（3）各级政府不必在做计划时预先假定一个物价上涨率，以便制定出与之相适应的支出预算计划。

由于德国价格上涨的比率相对来说处于很低的水平，因此在中期预算的实际操作中采用现行价来制订收入与公共支出的具体计划。但在使用现行价制订预算计划时必须考虑到人员支出未来几年的工资调整情况，而且这一支出项的变化不仅要体现在单一项目的预算数据上，也要体现在总支出预算的数据上。在实际操作时可将预估的工资增长率计算在内，即以预估的增长率计算出未来几年的人员支出项（可以是逐年递增形式），并计入到公共支出总额中。

4. 中期预算的伸缩性与可变性。制订中期预算计划必须与每年的财政经济的实际状况相符合。在中期预算实施过程中，如果有明显的经济形势以及政策导向上的变化，应适时在每年的调整中体现出来。

财政预算计划作为总体经济的调控手段必须重视并掌握每年经济状况的变化，按期对总体景气形势作出客观评估。评估的结果应与其他相关部门的经济形势评估预测相吻合。

在新的经济发展状况下，中期预算收入与支出详细目录的具体数据评估必须符合新的形势、新的条件和新的标准（比例、比率等）。同时也需将财政经济发展的可持续性、正在实施的中期规划期内财政预算的可行性、评估数据与现实状况的协调性等作为调整计划方案的前提条件。例如，处于紧缩调整政策下的中期预算必须符合削减支出、节约财政经费的基本原则，实施具体数据评估并调整计划时，削减支出的数额要在具体项目中反映出来，与经济环境及政策导向保持一致。

在遇到相关的敏感事项的调整与变更时，例如税法的重要改革、征税方式的改变、主要税种税率的调整等情况，不应简单地在中期预算中将其对收入与支出的影响引入或去除，而是需要作好改革调整后总体经济状况的预测研究，对未来的财政发展趋势作出具体的客观评估，各项数据的计算结果应有稳妥可靠的依据，以避免以后阶段不切实际的中期预算计划出台。

由于每年度现实状况的变化而使中期预算的质量不能够通过早期预算与后期的实际结果进行简单比较来衡量，因此在法律上必须将计划检查作为中期预算不可缺少的重要组成部分。

5. 中期预算的科目与项类划分。中期预算为达到可比性的目的必须以统一的体系来制订完整计划。公布的德国中期预算计划在支出方面通过大约 40 个模块组来反应描述支出的发展变化趋势，基本上聚焦了财政正常运行中的重要内容和着眼点。在管理互联网上，德国中期预算计划的数据，在支出方面大约有 7400 个项目、在收入方面大约有 1100 个项目是可供使用的。

6. 制订中期预算包括所有的政府层级。德国是联邦制国家，其政府分级自上而下分为联邦级政府、联邦州级政府和地市级政府，但联邦级政府与联邦州级政府依据《基本法》的规定是相互独立的，在权责上这两级政府是并列的，不是上下级关系。地市级政府与所在州的州政府之间是上下级关系。为了达到全国总体经济能够均衡良性发展的目的，各级政府均应按相关规定制订本级政府的中期财政预算，并应在具体制订过程中相互配合相互协调，特别是要有纵横相符合的分级科目和类项，以保证预算体系的统一性和可比性。各级政府的中期预算规划汇合在一起即形成全国的财政收支总体状况及发展趋势。

在德国，联邦、联邦州以及地方各级政府均有制订中期预算计划的责任。在各级政府之间，有必要建立一个财政规划委员会来进行中期预算计划制订的统筹与协调。这个委员会的职责就是研究解决制订中期预算过程中的各类具体事项。委员会应由联邦和各州的财政部长及相关高端专家组成，同时还要有一定数量的地市级政府的代表参加。

7. 中期预算的审批。中期预算草案编制好后由财政部长提交议会进行审批。一般各级政府的预算草案由本级议会进行审核批准，联邦财政部除编制本级中期预算外，还负责综合全国的中期预算基础数据，因此全国收入与支出的中期预算草案由联邦议会进行审批。审批过程中如有疑问或异议，可通过专家听证与实时辩论进行磋商，争取最终达成统一意见。议会也可通过建议方式对草案提出修改意见。重大分歧如一次不能达成一致意见，还可作进一步沟通，进行下一轮的辩论讨论。议会可以否决草案，但不能直接修改草案。草案的最终通过需进行票制表决。对外公布的中期预算计划方案需有议会最高负责人和联邦政府总理（首相）的签名。

二、主要内容

（一）中期预算报告的文字报告形式

中期预算报告由文字阐述说明和具体数据图表两部分内容组成。文字阐述说明一般包括如下方面的内容：（1）中期预算计划年度内的总体经济发展状况简述；（2）联邦财政年度预算与中期预算要点；（3）联邦财政支出；（4）联邦财政收入；（5）联邦财政与其他各层级财政之间关系的概要说明；（6）中期预算计划期限内几个重要支出项的预计说明；（6）中期预算计划期限内德国公共经济的发展趋势与展望。其中介绍内容最丰富的是“联邦财政支出”和联邦财政收入。在支出部分报告内容主要为支出概况简介、按联邦政府事责分类的公共财政支出（分为13大类），以及联邦政府的消费支出与投资支出。第4部分收入包括概况简介、税收收入、其他收入、债务收入。中期预算的文字阐述各部分具体内容如下：

在“2013～2017年联邦政府财政中期预算报告”（Finanzplan des Bundes 2013 bis 2017）中，第一部分“中期预算计划年度内的总体经济发展状况简述”

首先介绍了 2013 年至 2017 年德国全国经济景气形势的发展状况，从 GDP（BIP）的增长、就业、债务的累计变化、社会总投资、中小企业发展等方面的状况结合具体数据作了简明扼要的阐述。其次对 2013 年的预决算情况在已有的年度报告的基础上做了必要的补充说明。然后对 2014 年年度预算以及 2014～2017 年的中期预算目标（主要是减少债务调整中长期债务结构）作了明确的阐述。

第二部分是联邦财政 2014 年度预算与 2014～2017 年中期预算的发展要点。主要介绍了这一期间的导向性财政政策及公共财政保障支出的重点，如环境保护、能源保障（清洁能源）、重点科研项目、中小企业政策、就业政策等。对明显增减的支出项作了说明。

第三部分“支出类”包含如下的具体内容：（1）概况简介；（2）按职责任务范围划分的支出项目：社会保障、国防安全保卫、食品农业与消费者保护、促进经济发展、交通、基础设施建设和城市发展、教育、科学、研究和文化事业、环境保护、体育运动、境内保护与移民事务、国际经济合作及发展、公共财政（资产）管理、特别财产；（3）联邦政府消费与投资支出：消费（消耗）性支出、投资性支出、消费性支出的分配、投资性支出的分配；（4）联邦级财政的财政救助资助支出；（5）人员支出和职位岗位发展支出。

第四部分是联邦财政的收入，包含如下内容：（1）收入概况综述；（2）税收收入：税收政策回顾与现行法案、税收专业委员会预测结果、税收政策的前瞻预告；（3）其他收入：概况一览、私有（私人）政策、联邦不动产及相关事项、德意志联邦银行赢利。除收入的增减状况与发展趋势而外，该部分还报告了近期税收法律法规的变化，与原实行的规则、征收比率作了对比说明。对不同税种征收管理方式方面的变化以及对实际税收的影响也进行了简要阐释。

第五部分说明了中期预算期间联邦政府与国内层级之间的财政关系。从政府间债务往来和政府间税收分配两方面作了概要说明，国际上涉及的仅为欧盟组织机构及欧盟成员国政府，之间的债务往来和税收分配都是经常性项目，突发性和特殊性项目不在中期预算计划之列。报告阐述了共享税（不含增值税）在联邦政府与各联邦州政府、地方政府以及欧盟之间的分配，并专项说明了增值税在德国三级政府之间的分配比例及变化。除此之外，还介绍了联邦财政补贴补助专项转移支付资金在中期预算中的使用方向和分配状况。

第六部分是中期预算期限内几个重要支出项的预计发展介绍说明。包括：利息支出、供养人员支出、担保项目支出、涉及公共设施建设的私人短期贷款或预先筹资、公私合作模式的资金筹措等。

第七部分是对中期预算计划期限内德国公共经济的发展趋势与展望。主要从全国 GDP（BIP）的增长、社会投资增长、消费前景预测、促进中等层面企业生产能力增长等几方面进行分析，并预测了总体经济的发展趋势与结果。

中期预算报告除文字报告形式外，还有图表数据形式，详情请参见本章后的附表。

（二）财政收入的预测与评估

联邦财政部每年组织两次由专家和联邦、各联邦州财经系统相关官员以及地方政府的代表组成的税收收入评估预测会议，会后将税收收入及其他收入的预测最新结果以报告形式向社会公布，并以此为依据对中期预算期内的各年收入计划数据进行调整。这种专题预测会议一般在上半年（通常在 5 月）举行一次，下半年（通常在 11 月）举行一次，按时间前后连续排列给每次会议冠以序号，如 2015 年 5 月 5 ~ 7 日的税收收入评估预测会议为 146 次会议，2014 年 11 月 4 ~ 6 日的税收收入评估预测会议为 145 次会议，2014 年 5 月 6 ~ 8 日的税收收入评估预测会议为 144 次会议，以此类推。

评估预测会议报告一般包括如下内容：预测具体数据（分三级政府）、近期政策变化情况概要、经济景气状况概要、主体税种增减依据分析以及发展趋势预测分析要点等。

下列图表是预测结果的一般发布形式。从图 3 - 1 中可直观地看出两次预测结果的变化，在本中期预算年度内，2015 年 5 月的预测结果均略高于 2014 年 11 月的预测结果。在预测结果报告中有对增收依据的具体说明。

表 3 - 1 至表 3 - 3 是 2014 年至 2015 年上半年三次税收预测的分级具体数据结果，比较各相应年度的数据，其结果有增有减，例如，第 145 次预测结果中州一级的税收均低于第 144 次的预测结果，而在第 146 次预测结果中 2015 年至 2018 年州级税收收入均超过了 144 次预测的数据。预测报告对可能的增长点及其依据也作了说明。

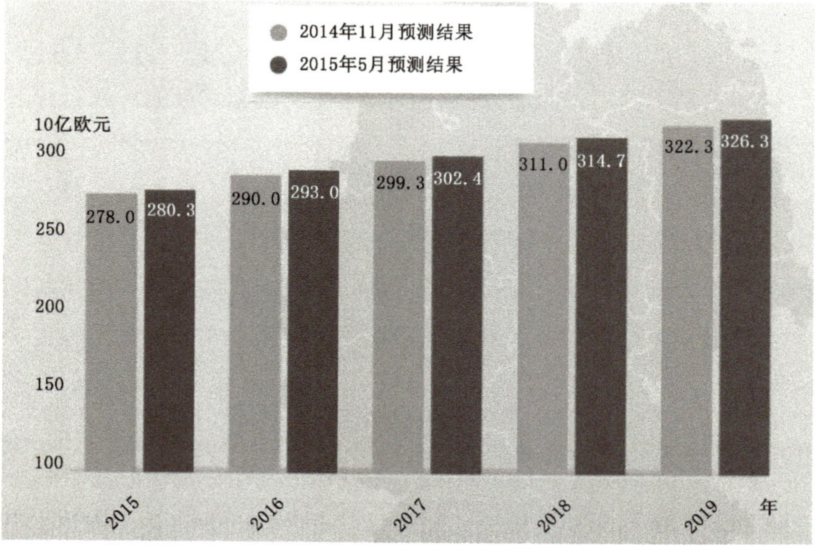

图 3-1　联邦财政 2015 年 5 月税收预测结果与 2014 年 11 月税收预测结果比较

资料来源：德国联邦财政部信息中心：《2014～2018 联邦财政中期滚动预算报告》。

表 3-1　第 144 次税收评估预测结果一览（2014 年 5 月 6～8 日，柏林）

	2013 年实际	2014 年预计	2015 年预计	2016 年预计	2017 年预计	2018 年预计
联邦（亿欧元）	2599	2682	2786	2929	3007	3118
比上一年增长（%）	1.4	3.2	3.9	5.2	2.6	3.7
联邦州（亿欧元）	2442	2522	2625	2716	2805	2906
比上一年增长（%）	3.3	3.3	4.1	3.5	3.3	3.6
地方政府（亿欧元）	845	876	914	948	981	1018
比上一年增长（%）	4.3	3.6	4.4	3.7	3.5	3.7
欧盟（亿欧元）	311	319	341	312	332	343
比上一年增长（%）	18.2	2.6	6.8	-8.5	6.3	3.6
总计（亿欧元）	6197	6399	6666	6906	7124	7385
比上一年增长（%）	3.3	3.3	4.2	3.6	3.2	3.7

资料来源：德国联邦财政部信息中心。

表 3－2　第 145 次税收评估预测结果一览（2014 年 11 月 4～6 日，维斯马）

	2013 年实际	2014 年预计	2015 年预计	2016 年预计	2017 年预计	2018 年预计	2019 年预计
联邦（亿欧元）	2599	2689	2780	2900	2993	3110	3223
比上一年增长（%）	1.4	3.5	3.4	4.3	3.2	3.9	3.7
联邦州（亿欧元）	2442	2528	2597	2684	2782	2886	2983
比上一年增长（%）	3.3	3.5	2.7	3.4	3.6	3.7	3.4
地方政府（亿欧元）	845	875	902	936	971	1007	1045
比上一年增长（%）	4.3	3.5	3.1	3.8	3.8	3.7	3.8
欧盟（亿欧元）	311	317	323	316	332	343	351
比上一年增长（%）	18.2	1.8	1.9	－2.0	4.8	3.5	2.4
总计（亿欧元）	6197	6409	6602	6837	7078	7346	7603
比上一年增长（%）	3.3	3.4	3.0	3.6	3.5	3.8	3.5

资料来源：德国联邦财政部信息中心。

表 3－3　第 146 次税收评估预测结果一览（2015 年 5 月 5～7 日，萨尔布吕克）

	2014 年实际	2015 年预计	2016 年预计	2017 年预计	2018 年预计	2019 年预计
联邦（亿欧元）	2707	2803	2930	3024	3147	3263
比上一年增长（%）	4.2	3.5	4.6	3.2	4.1	3.7
联邦州（亿欧元）	2543	2626	2720	2815	2922	3020
比上一年增长（%）	4.1	3.3	3.6	3.5	3.8	3.4
地方政府（亿欧元）	876	913	948	983	1012	1048
比上一年增长（%）	3.6	4.2	3.8	3.6	3.0	3.6
欧盟（亿欧元）	310	323	316	334	346	355
比上一年增长（%）	－0.4	4.2	－2.1	5.5	3.7	2.6
总计（亿欧元）	6436	6665	6914	7155	7427	7687
比上一年增长（%）	3.9	3.6	3.7	3.5	3.8	3.5

资料来源：德国联邦财政部信息中心。

三、简要评述

（一）法律是制度的保障

中期预算是财政管理体系的一项制度，它的基本框架的确立、相关条例的制订、操作方案的实施、各部门之间的协调配合、统计口径的严谨一致等等，均需要有法律形式的依据，也需要有具体的条款作为执行的规范。德国的《基本法》虽未对中期预算制度作出具体规定，但依据“《基本法》第十章财政制度”而制定的《财政基本法律法规》（HGrG）和一些具体实施细则都为编制中期预算计划奠定了法律基础。同时，在历年实行编制计划的过程中，根据实际操作的要求以及情况的变化，各项法律条款也在不断修正完善，相应的管理工作也在细化，进一步保证了滚动预算编制的顺利进行。

（二）注重编制财政中期预算基本框架设计的合理性和协调性

在编制过程中，基本框架的合理性与协调性首先涉及到三级政府编制内容的一致。德国是一个联邦制国家，联邦政府与各联邦州政府之间是平等的，不存在上下级的从属关系，各州在《基本法》规定的前提下有较充分的行政自主权，有权按本州的实际情况编制财政预算。而中期预算既包括各级政府的预算计划，又包括汇总为统一的全国的预算计划，为达到其一致性的目的，整体框架以及具体数据编目的设计就必须考虑到各州的实际情况，把最直接反映财政收支状况的指标包含到框架内，以利于对财政经济发展趋势的分析与实施政策的选择。其次，基本框架的合理性与协调性也体现在年度预算与中期预算的关系上。德国的中期预算计划是滚动运行的，它的宗旨是用预测的预算数据反映出未来几年内（通常为5年）财政收支的发展趋势，尽管数据很具体，也需要经过国会的认可，但其并不具备法律效力。而年度预算在经过国会通过之后形成年度预算法，收入与支出必须严格执行预算法的规定，如有变动，须经联邦议会讨论通过。因此在年度预算与中期预算之间要有及时调整修正的协调机制，准确反映出实时变化对中期预算的影响。

（三）注重编制中期预算计划的数据质量

数据是编制中期预算的基础，没有准确的统计数据，编制中期预算也就失去了实际意义。为避免中期预算涣化成为脱离实际的数字游戏，德国联邦议会的预算委员会要求送审的中期预算报告如有明显的收支增减变化，需要附上法律依据与实际情况说明，阐明引起变化的相关因素。因政策或税制方面的改革引起的收支增减变化也需附上新旧法律条款，并作出必要的说明。

（四）注重遵循编制中期预算流程的规律性

中期预算的编制不是孤立的财政部门的专项工作，在现实中它与国计民生以及经济景气状况的方方面面密切相连，与经济增长、投资、消费、货币、金融、资本市场、劳动力市场、国际贸易等等更是休戚相关。因此，关注各个方面的发展状况与预测结果，及时反映其动态变化，也是编制中期预算的重要科学依据。德国联邦财政部在四十多年的实践中已形成了一套完整的规范式编制流程，能够与联邦政府的相关部门进行良好的沟通与配合，为编制中期预算计划奠定了稳固的基础。

（五）在实践中需要不断改革创新中期预算的编制体系与方法

德国中期预算的实施至今已有四十多年的历史，从编制的程序、内容、形式以及作用上均取得了良好的成果和丰富的经验，并在实践中不断地改革完善，如 2010 年以来联邦财政部建立了现代化的预算与政府会计管理系统，并将其引入中期预算，以提高中期预算的精准度，同时也更有利于与年度预算相结合。但与国际上一些国家的中期预算编制方法相比较，德国的中期预算体系也还存在一些需要改进的问题，如绩效预算与中期预算的关系问题。现有的中期预算体系并没有对预算绩效的标准要求和评价考察方式。就宏观调控的角度而言，中期预算的效率高低可直接或间接地影响政府政策的实施，影响到经济与社会的协调发展。因此追求中期预算的高效率，把绩效预算与中期预算结合起来，是德国中期预算体系进行进一步改革的重要目标。

附图表：中期预算报告中的图表数据形式

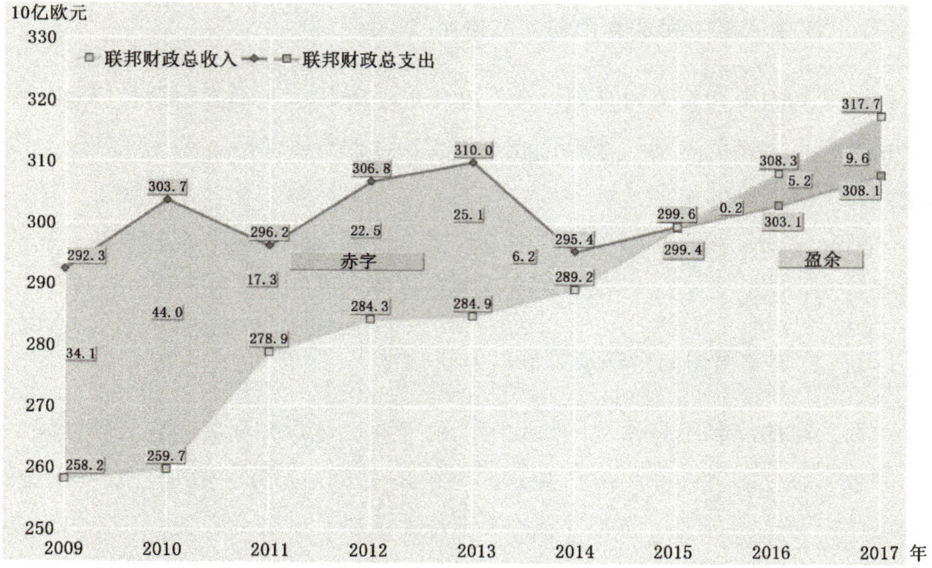

附图 3－1　联邦财政 2009～2017 年财政收支状况发展预测

资料来源：德国联邦财政部信息资料中心：《2013～2017 年联邦财政中期滚动预算计划》。

附表 3－1　　2014～2017 年德国联邦财政控制净债务收入规模一览

	2014 年预算法案	中期滚动预算计划		
		2015 年	2016 年	2017 年
1. 净债务收入被允许占 BIP 的最高限额比率（%）	0.97	0.66	0.35	0.35
2. 预计国内生产总值（BIP），（第 1 项占比依据前一年 BIP 进行计算）	2643.9	2701.6	2791.4	2875.0
3. 新债务规则下被允许的一般性财政预算最大净债务收入规模	25.6	17.8	9.8	10.1
4. 被允许的因经济周期原因而浮动的规模限额	－4.7	－3.3	－1.5	0.0
5. 被允许的特殊交易财政收支差额（包括能源和气候环保基金）	－3.7	0.7	0.6	0.5
6. 马约债务规则下被允许的本年最高净债务收入规模（总额）	34.0	20.4	10.7	9.6

资料来源：德国联邦财政部信息中心：《2013～2017 年联邦财政中期预算计划》。

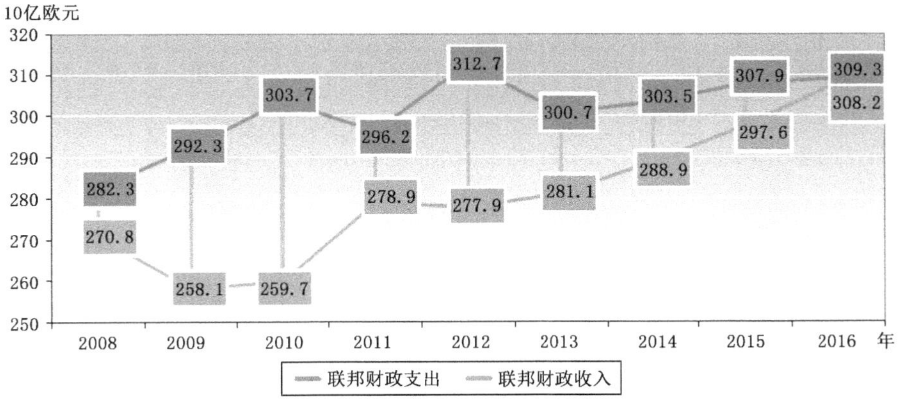

附图 3－2　2012 年 3 月发布的 2013～2016 年联邦财政支出与收入发展预测

资料来源：德国联邦财政部信息中心。

附表 3－2　2008～2017 年联邦财政支出占当年 BIP 的比重一览　单位：亿欧元

	实际数（BIP 按不变价）					计划数（BIP 按不变价）				
	2008 年	2009 年	2010 年	2011 年	2012 年	2013 年	2014 年	2015 年	2016 年	2017 年
BIP	24738	23745	24962	25926	26442	25708	26439	27016	27914	28750
BIP 与前一年比（%）	+1.87	-4.0	+5.1	+3.7	+2.0	-2.8	+2.8	+2.2	+3.3	+3.0
联邦财政支出总额	2823	2923	3037	2962	3068	3100	2954	2996	3031	3081
支出额与前一年比（%）	+4.4	+3.5	+4.0	-2.5	+3.6	+1.0	-4.7	+1.4	+1.2	+1.6
支出占 BIP 比（%）	11.4	12.3	12.2	11.4	11.6	12.1	11.2	11.1	10.9	10.7

资料来源：德国联邦财政部信息中心。

附表 3－3　　联邦财政 2012 年至 2017 年主要支出类别一览　　单位：亿欧元

	2012 年实际	2013 年预算	2014 年计划	2015 年计划	2016 年计划	2017 年计划
社会保障支出	1537.3	1452.8	1464.6	1534.9	1562.4	1601.3
促进经济发展支出	53.8	56.5	55.8	55.9	54.8	52.9
交通运输建设支出	212.8	221.9	213.8	211.8	211.5	211.1
科技文化与教育支出	173.9	186.9	189.5	191.2	188.1	187.1
环境保护支出	8.96	10.73	12.28	11.69	11.72	11.65
经济合作与发展支出	62.43	61.81	61.65	60.63	60.66	60.66
住宅与城市建筑支出	20.89	19.61	17.91	15.17	13.78	12.38
债务利息及融资支出	472.0	486.0	416.8	396.7	408.7	425.4
国家安全与防御	286.2	282.7	278.3	274.1	273.2	272.7
农业、食品与消费者保护	10.38	11.12	11.02	11.00	11.26	11.14

资料来源：德国联邦财政部 2013 年至 2017 年中期滚动预算报告。

附图 3－3　2000～2017 年年平均登记失业人数状况

注：2000 年至 2012 年为实际登记失业人数，2013 年以后为分析预计人数。

资料来源：德国联邦财政部信息中心：《2013～2017 联邦财政中期滚动预算报告》。

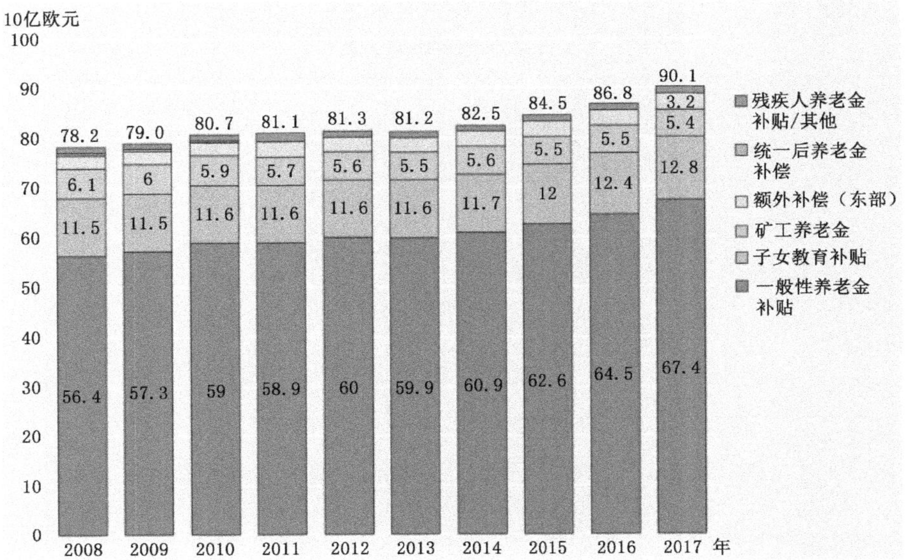

附图 3-4　2008～2017 年联邦财政对养老金补贴支出一览

资料来源：德国联邦财政部信息中心：《2013～2017 联邦财政中期滚动预算报告》。

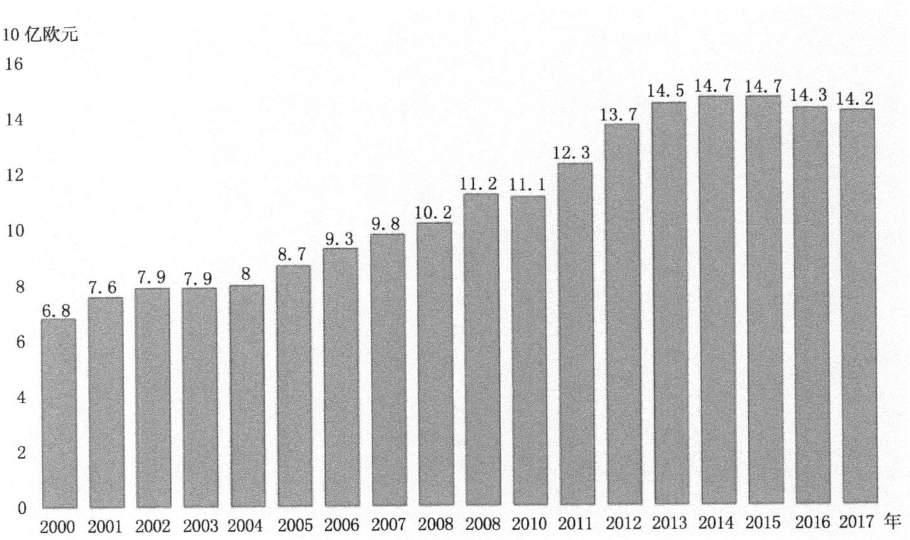

附图 3-5　2000～2017 年联邦财政科研与教育支出一览

资料来源：德国联邦财政部信息中心：《2013～2017 联邦财政中期滚动预算报告》。

附表 3－4　　2008～2017 年联邦财政收入（税与非税）占当年 BIP 比重一览

单位：亿欧元

	实际数（BIP 按不变价）					计划数（BIP 按不变价）				
	2008 年	2009 年	2010 年	2011 年	2012 年	2013 年	2014 年	2015 年	2016 年	2017 年
BIP	24738	23745	24962	25926	26442	25708	26439	27016	27914	28750
BIP 与前一年比（%）	+1.87	－4.0	+5.1	+3.7	+2.0	－2.8	+2.8	+2.2	+3.3	+3.0
联邦财政收入总额	2708	2581	2597	2789	2843	2849	2892	2996	3083	3177
收入额与前一年比（%）	+4.4	－4.6	+0.1	+7.4	+1.9	+0.00	+1.5	+3.6	+2.9	+3.0
收入占 BIP 比（%）	10.9	10.9	10.4	10.8	10.8	11.1	10.9	11.1	11.0	11.1

资料来源：德国联邦财政部信息中心：《2013～2017 联邦财政中期滚动预算报告》。《2012～2016 联邦财政中期滚动预算报告》。

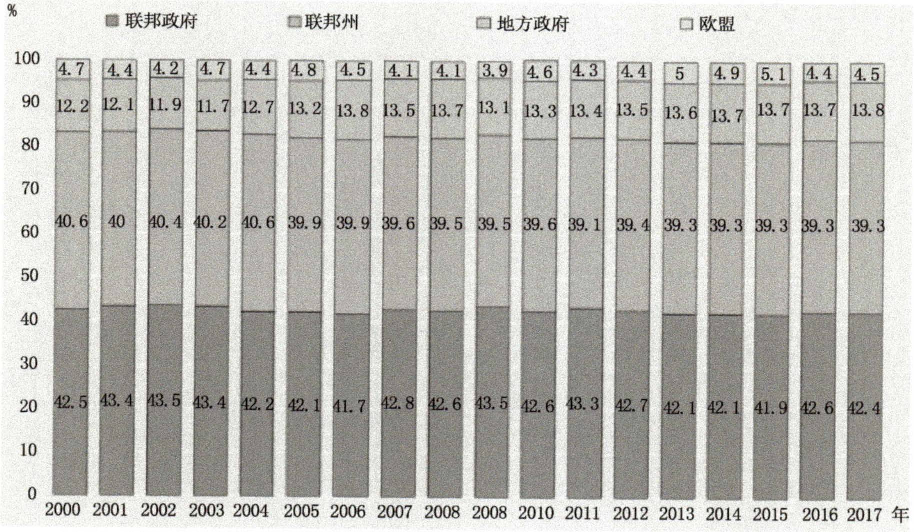

附图 3－6　2000～2017 年共享税（不包括增值税）在各级政府之间分配比例

资料来源：德国联邦财政部信息中心：《2013～2017 联邦财政中期滚动预算报告》。

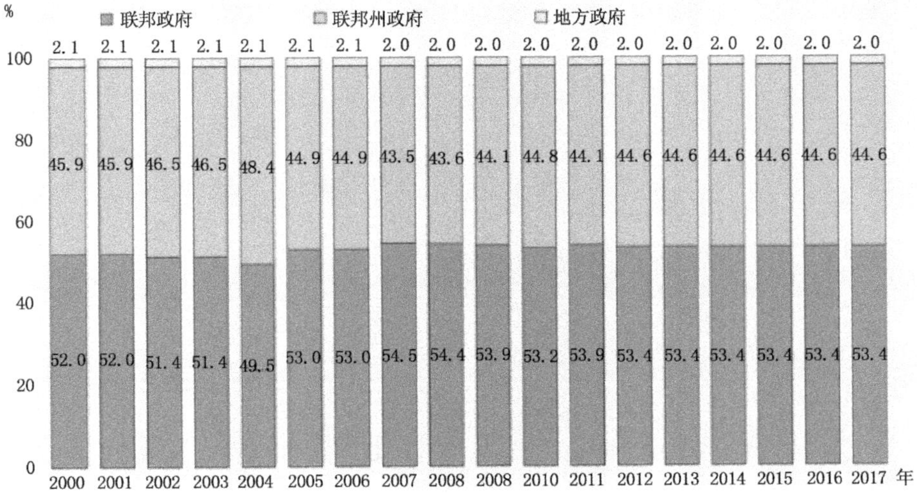

附图 3－7　2000～2017 年共享税中的增值税在各级政府之间分配比例

资料来源：德国联邦财政部信息中心：《2013～2017 联邦财政中期滚动预算报告》。

附表 3－5　　2013 年 11 月 7 日会议预测全国税收发展状况一览　　单位：亿欧元

	2012 年实际	2013 年预测	2014 年预测	2015 年预测	2016 年预测	2017 年预测	2018 年预测
联邦	2563	2600	2690	2775	2915	2987	3092
与前一年比（%）	+3.4	+1.4	+3.4	+3.2	+5.1	+2.5	+3.5
联邦州	2363	2443	2519	2608	2695	2776	2872
与前一年比（%）	+5.4	+3.4	+3.1	+3.6	+3.3	+3.0	+3.4
地方	811	850	882	915	947	980	1016
与前一年比（%）	+5.8	+4.9	+3.7	+3.7	+3.6	+3.5	+3.6
欧盟	263	311	313	340	306	324	335
与前一年比（%）	+7.6	+18.3	+0.6	+8.6	－10.0	+5.8	+3.4
总计	6000	6205	6403	6638	6863	7068	7315
与前一年比（%）	+4.7	+3.4	+3.2	+3.7	+3.4	+3.0	+3.5

资料来源：德国联邦财政部信息中心：《第 143 次税收评估预测报告·2013 年 11 月 5 日至 7 日 不莱梅港》。

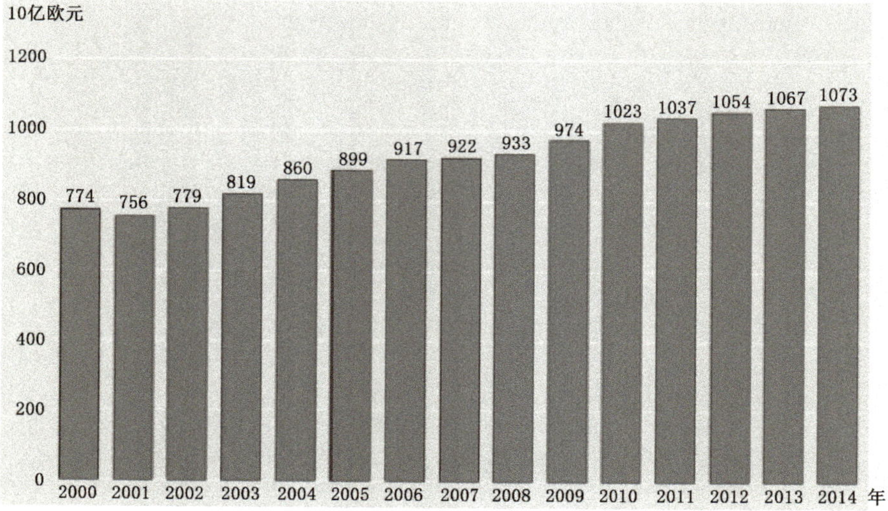

附图 3－8　2000～2014 年联邦政府债务总额发展变化情况

注：不包括联邦特别财产的债务额度。

资料来源：德国联邦财政部信息中心：《2013～2017 联邦财政中期滚动预算报告》。

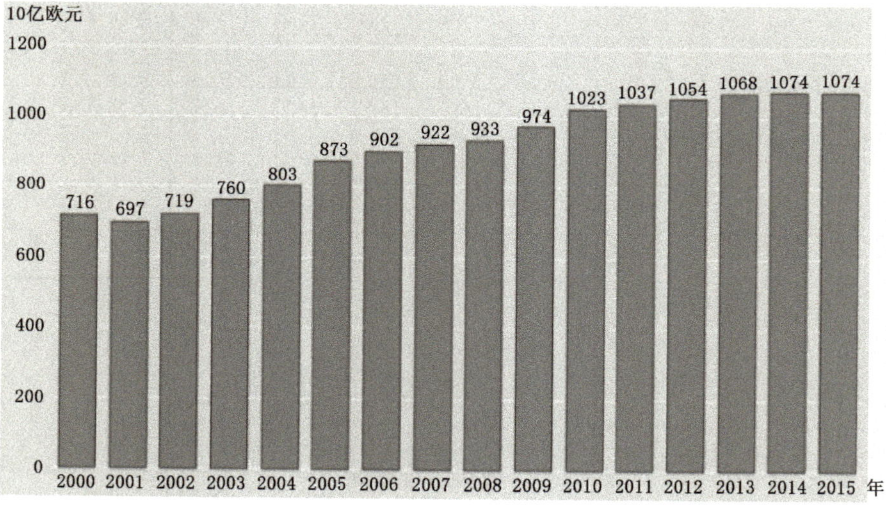

附图 3－9　2000～2015 年联邦政府债务总额发展变化情况

注：不包括联邦特别财产的债务额度。

资料来源：德国联邦财政部信息中心：《2014～2018 联邦财政中期滚动预算报告》。

附表 3-6 2008~2017 年联邦政府债务总额占当年 BIP 比重一览表 单位：亿欧元

	实际数（BIP 按不变价）					计划数（BIP 按不变价）				
	2008 年	2009 年	2010 年	2011 年	2012 年	2013 年	2014 年	2015 年	2016 年	2017 年
BIP	24738	23745	24962	25926	26442	25708	26439	27016	27914	28750
BIP 与前一年比（%）	+1.87	-4.0	+5.1	+3.7	+2.0	-2.8	+2.8	+2.2	+3.3	+3.0
联邦财政债务总额	9330	9740	10230	10370	10540	10670	10730	—	—	—
总额与前一年比（%）	+1.2	+4.4	+5.0	+1.4	+1.6	+1.2	+0.6	—	—	—
债务占 BIP 比（%）	37.7	41.0	41.0	40.0	39.9	41.5	40.6	—	—	—

注：此表中债务数据仅为联邦政府债务，并且不包括联邦特别财产债务数据。

资料来源：德国联邦财政部信息中心：《2013~2017 联邦财政中期滚动预算报告》，《2012~2016 联邦财政中期滚动预算报告》。

第四章　法　　国

一、基本情况

（一）中央政府中期预算概况

为了改善国内的财政状况，提高财政资金的使用效率，并有效控制赤字，法国中央政府自1998年开始编制中期预算，编制的法律依据除了《宪法》还有《预算组织法》。

法国中期预算每年编制一次，会随着年度预算报告一起递交议会审议。此外，在这之后还会编制一份四年度稳定方案递交欧盟委员会，里面也包含中期宏观经济和财政预测与展望。

法国财政经济工业部（以下简称财政部）负责管理国家财政、税收、经济发展等。财政部内设经济事务部和预算部。经济事务部的预测局主要负责宏观经济预测。预算部是编制国家财政预算的主要部门，下设预算局、公共会计局、税务总局等。预算局负责编制国家预算，决定国家预算收支平衡和政府开支的优先秩序。2013年，公共财政高级委员会作为一个独立的机构成立，其主要职责是对政府宏观经济预测和财政目标设定的可靠性进行评估。

（二）中期预算的编制程序

1. 准备阶段

法国中央政府的中期预算与年度预算通常是同时进行。预算编制通常会提前两年开始准备，即第 n－2 年 12 月份开始编制第 n 年的预算。第 n－2 年 12 月至第 n－1 年 4 月是预算编制的第一阶段，即准备阶段。在这一阶段，工作的重心是为总理下达编制预算的指示做好充分的准备工作。

（1）作预算前景分析。预算司综合处利用计算机系统把有关信息综合起来，各处利用这些信息提出所管部门的预算建议，到第 n－1 年 1 月底，预算司长与各处讨论、调整和修改各处提出的预算建议。同时，各支出部门也平行地着手研究各自的预算建议数。

（2）提出预算计划。3 月底 4 月初，预算司长向预算部长阐述预算计划的内容，主要有各项支出概况、预算优先项目的选择、税收制度、经济措施和预算赤字政策的建议等。该计划还包括了对各公共部门财务报表的分析。预算部长根据这些材料作出批准或修改该预算计划的决定，此计划经预算部长批准后呈报总理。

（3）总理发布编制预算的指示。4 月中下旬，总理主持部长会议，由预算部长介绍下一年度的预算计划，届时总理在核实这个计划是否与政府的大政方针一致后，通过“总理致各部的预算框架函”的形式下达到各个部。框架函的主要内容包括：重要的经济参数及可预测的变化情况，宏观经济形势，选择的财政政策，支出的增长速度，财政赤字，公共部门的人员增减。该函还为各部制定预算提供了一些必要的指数，特别是某些支出和纳税标准的指数，并规定各部向预算部预算司提交预算的最后期限（通常是本年的 5 月）。

2. 与各政府部门“讨价还价”阶段

第 n－1 年 5～7 月，预算编制部门会与各政府部门讨价还价，形成各部门的支出限额（不规定明细项目），由总理下达。

（1）预算的行政磋商。由预算相关各处与各部门财务司司长讨论该部门提出的预算草案，讨论的主要内容：一是维持公共服务必不可少的各项支出及跨年度支出项目；二是希望实施的新项目；三是经济提案。这个阶段其实是支出需求和预算供给之间的对话，力求尽可能在技术层内达成一致。若在经济情况特别困难时，没有多少钱可给，其他部委财务司长与预算司长就很难达成一致。

（2）形成预算草案并集中信息。经过开会磋商，产生一个包括共识与分歧的清单，这个文本是由预算司各主管处为预算部长在部长级决策过程中起草的工作文件。为使预算草案论据充足，预算司内部各处进行一系列会议进行研究讨论。预算部长的信息基本来源于预算司，这样使预算部长对其他部长有足够的了解，并能向总理就费用支出、税收制度、赤字水平提出重要建议。

（3）预算的部长级讨论与磋商（政治讨论阶段）。6月，预算部长会见所有部长，就各部门的预算在“总理致各部门的预算框架函”确定的原则内进行充分讨论，并尽可能多地解决分歧，无法解决的分歧提交总理仲裁。通过讨论形成各部门的预算上限，上报给总理。

（4）发出“预算限额书”。7月上中旬，总理就财政部与各部部长讨论形成的部门预算，给各部门寄出“预算限额书”，其中详细规定了各部门的用款限额，同时也引述了达成共识及仲裁的要点。

3. 形成预算草案蓝本

第 n－1 年的8月至9月，政府各部门会根据总理下达的预算限额来细化开支项目，并与预算司进行新一轮的协商，形成预算草案蓝本。

（1）预算支出的细化与调整。这期间，预算部及其他各部代表重新聚集，召开新一轮预算磋商会，对预算支出项目进行细化。由于支出框架已经基本确定，此时主要是对支出项目作些技术调整（按一套专用软件，由各部门输入全部支出项目）。

（2）确定预算收入。在预算支出的细化与调整的同时，在年初预测的基础上，预算中的收入部分也被确定下来。收入预算的确是在经济、财政和工业部内部进行的，税收措施是由预算司和税收立法司提出，由税收立法司提交部长或总理仲裁。

（3）形成预算草案蓝本。预算收入与支出确定后，预算司着手制定预算草案总蓝本。政府将总蓝本提交政府的一个专门委员会，就其合法性等问题进行审核。9月中旬，预算草案提交部长理事会通过，并准备提交议会讨论。同时，一份《中期宏观经济框架和财政战略》需要与预算草案一起递交给议会。根据新预算法，这份报告的内容应当包括：

- 法国国内宏观经济预测。即在一定的假定条件下对法国经济的预测，及使用的预测方法。

- 除了本年度之外至少四年的全国政府各部门财政收支和预算平衡状况的展望，新预算法规定对中央政府的财政收支展望要以功能分类形式细化。
- 在整个欧盟框架下，法国未来几年的经济和预算政策走向。

4. 形成最终预算法案

第 n－1 年的 9～12 月，政府会将预算草案提交议会讨论，并批准通过，最终形成预算法案。根据法国宪法和宪法细则，议会有 70 天时间用于通过预算，如超过 70 天将启动一个紧急程序，将预算作为行政法令通过执行。

预算案由两部分组成：第一部分包括授权征税，规定总开支的最高限额并确定收支平衡的一般特点；第二部分涉及各部门的各类开支。在预算案的第一部分被通过前，议会不能对第二部分进行表决。法国宪法禁止对任何预算案提出修正案，除非修正案意在取消或削减开支、创造或增加国家收入或保证对公共开支的控制。根据宪法传统，议会总是被赋予更大的税收权而不是开支权。

二、主要内容

法国政府 2015～2018 年多年期财政报告名称为《2015～2018 年度稳定方案》，从结构上分为三个部分，分别是总体形势、下一步改革措施、财政巩固措施。内容包括以下十个方面：综述、法国已完成改革措施介绍、宏观经济展望、财政战略、欧洲《稳定与增长公约》的遵守情况、未来重点项目分析、公共财政收支情况、公共财政稳定性、机制改革和财政治理、附录。里面既包括了宏观经济预测，也包括了预算计划。法国的中期预算每年都会更新一次，采用零基预算方法。支出预测主要由预算部进行。

（一）总体形势

2014 年法国预算执行情况好于预期。赤字率降到了 GDP 的 4.0%。除去税收减免后，政府财政支出只增加了 0.9%，这是近十年来增长率最低的一年。此外，税收收入和社保收入在 2009 年以来首次保持了稳定，没有上升。这些数据表明法国完全有能力在不增加税负的前提下通过紧缩开支实现财政的巩固。2015 年第一季度，法国经济继续回暖。国际油价的下跌和个人所得税的减少提高了法国居民的购买力水平，给国内的消费打了一剂强心针。《促进竞争和就业的税收减免办法》和《责任和团结公约》提高了法国企业的竞争力，再加上欧元的贬值，欧元区国家的低利率和经济复苏，这些因素共同为法国的出口和投资创造了一个更加有利的环境。

在接下来的几年，法国政府决定继续为财政巩固做出努力，一方面要力争尽快复苏国内经济，另一方面要对具有优先性的项目加大投资力度。为了确保能够完成自己所设定的目标，在中期财政报告中法国政府都采取了相对保守的宏观经济预测数据。根据该报告，2015 年法国 GDP 增长率为 0.8%，2016 年和 2017 年分别为 0.7% 和 0.8%。鉴于 2014 年良好的经济复苏形势，以及法国政府已经做出的努力，2015 年法国财政赤字率会降到 4.0%，2016 年为 3.4%，2017 年为 2.8%。同时，政府收入和支出都会有所下降，政府债务率也将开始下降（见表 4-1）。

表 4-1　2014～2017 年法国主要经济指标　单位：%

	2014 年	2015 年	2016 年	2017 年
GDP 增长率	0.4	0.8	0.7	0.8
赤字率	-4.3	-4.0	-3.4	-2.8
债务率	95.3	97.2	98.8	99.3

资料来源：法国《2015～2018 年稳定计划》。

（二）下一步的改革措施

重点采取了以下两项措施，这两项措施在 2015 年将为法国的企业节约 120 亿欧元的缴税和社保支出。

1. 竞争力和就业税收抵扣优惠（CICE）。2014 年法国企业利润为 102 亿欧元，2015 年，竞争力和就业税收抵扣率从雇员工资的 4% 增加到 6%，这会使法国的企业利润增加 50%。

2. 《责任与稳定公约》。2014 年，《责任与稳定公约》已经在议会得到通过，并于 2015 年 1 月 1 日正式生效。根据该公约，从事最低工资标准工作的雇员无需缴纳社保基金。自由职业者的社保基金率也降低了 3 个百分点。

此外，中低收入居民的税收负担也将减小。2015 年，法国最低收入档税级将取消，为大约 900 万居民提供约 32 亿欧元的购买力。

（三）财政巩固措施

财政巩固战略的核心就是缩减开支（见图4－1、表4－2）。受石油价格下跌的影响，国内出现了小幅的通货膨胀，这提高了国内居民的购买力，但同时限制了节约开支一系列政策影响力的发挥。因此，为了减少财政支出占 GDP 的百分比，政府必须采取一些措施。2015 年，法国政府计划缩减 40 亿欧元的开支，2016 年这一数值将增加到 50 亿欧元。但是同时具有优先性的政府项目的资金提供仍然要得到保证，例如教育、法律、有利于可持续发展的投资和安保。

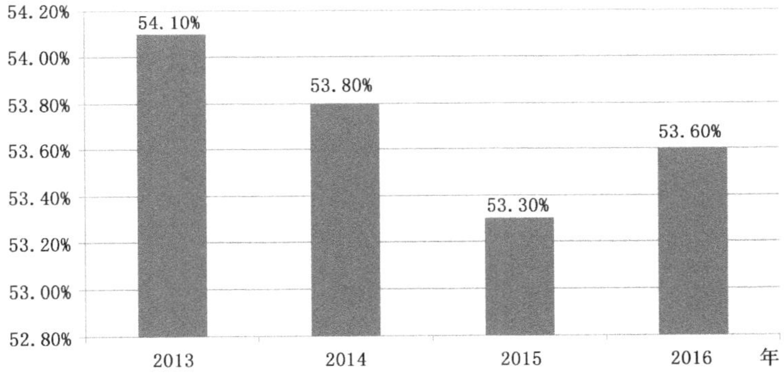

图 4－1　法国财政支出占 GDP 的百分比

表 4－2　　政府财政支出变化趋势　　单位：%

	2012～2013 年	2014 年	2015 年	2016～2017 年
一般政府	2.5	0.9	0.9	1.4
中央政府	1.3	－0.3	－1.2	－0.3
其他中央政府主体	3.9	3.4	0.7	0.9
地方政府	3.5	－0.3	0.0	1.3
社保基金	2.8	2.3	1.3	1.3

资料来源：法国《2015～2018 年稳定计划》。

2017 年，当赤字率降到 GDP 的 3% 以下，法国的债务率也会同步下降。随着经济的不断复苏，2017 年法国政府债务率将重新回到 100% 以下。欧盟委员会责令法国在 2017 年将政府赤字率降到 3% 以下（见图 4－2）。其实，法国 2014 年的赤字率实际上只有 4%，比预期的低了 0.3 个百分点。法国中央政府的赤字额度从 2010 年的 1488 亿欧元降到了 2014 年的 856 亿欧元。社保基金赤字在这五年内缩减了一半还多，从 2010 年的 273 亿欧元降到了 2014 年的 132 亿欧元。在法国乃至整个欧洲，积极的经济信号已经被释放，虽然还不够强烈，但是已经非常明确。考虑到这些方面，法国完成欧盟委员会规定的任务并不是一件难事。

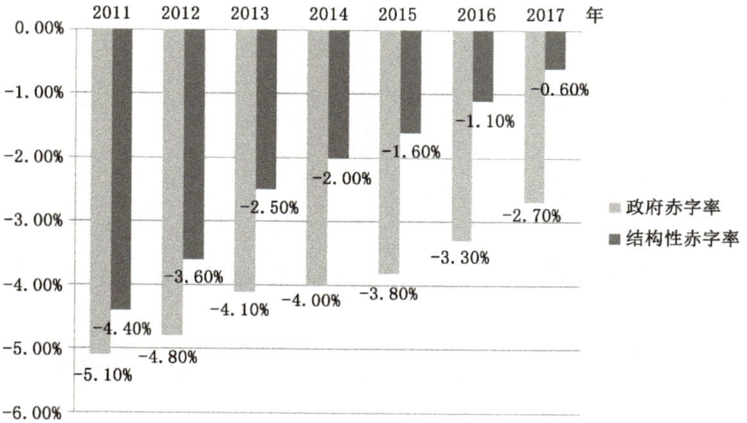

图 4－2　法国近几年赤字率变化趋势

注：结构性赤字是预算赤字与实际赤字之间的最大差值，指那些非政策性或常规的税收调整和支出变动引起的赤字。

三、简要评述

总体来讲，法国的预算机制已经发展的相当成熟，并在过去的三年内得到了加强。财政报告综合性和时效性强，内容详细，但是只涉及全国政府。详细的中期宏观展望每年出版一次，但长期的经济展望包含的内容比较少，还不是非常完善。法国政府的或有负债的披露和管理能力较强，但宏观经济风险和资产负债风险的分析和管理能力有限。2013 年，公共财政高级委员会作为一家独立的第三方机构在法国成立，其职责是评估官方宏观经济预测和财政目标的可靠性。2012 年生效的法国《财政组织法》作为国内财政和政府治理的主要法律基础，与《欧盟财政契约》相呼应。此外，多年期预算框架、严格的绩效管理制度、严格的自上而下的预算编制程序和有力的监管也帮助法国很好地遵守《欧盟财政契约》中的各项规定。然而，社保账户和预算外基金的管理仍然比较松懈，导致了地区间政府财政绩效考评结果的差异，也导致了中央预算必须付出更大的努力来弥补这些缺陷。

第五章 俄 罗 斯

一、基 本 情 况

为在长期收入总额预测范围内，将公共资金根据社会经济优先发展方向进行配置，使公共支出管理向结果导向型转变，俄罗斯于2007年引入了中期预算框架，并在2007年修订的《预算法》中对中期预算作出了总体设计。俄罗斯第一个中期预算框架时间跨度为2008～2010年，但2008年受经济危机影响而暂停，2010年重启。中期预算的编制实践突出了以国家战略方针、政策目标和优先发展方向为导向，使联邦预算支出同政府的政策目标紧密地结合在一起，改善了公共资源管理的可预测性和针对性。此举是俄罗斯预算管理改革的重要内容，也是其整体财政改革议程的重要组成部分。

俄罗斯联邦中期预算编制的主体为预算委员会，预算委员会成员主要包括总理、预算立法委员会主席、财政部长、经济发展部长及对口部委部长等。财政部是负责公共财政管理的主要机构，领导预算编制。在进入真正的预算编制阶段前，财政部要与政府、经济发展部、对口部委、智库和其他利益攸关方就政策设计和制定进行广泛协商。预算编制后，财政部负责联邦预算、国家预算外基金预算、联邦主体预算的汇总平衡。

俄罗斯中期预算的编制与年度预算同步进行，流程为：第一，宏观经济趋势分析预测；第二，在宏观经济预测的基础上进行税收预测；第三，确定中期预算支出限额；第四，确定中期范围内的国家支出战略与优先政策方向；第五，确定各支出部门中期内各年度的支出需求，继而确定各年度支出预算；第六，对中期预算赤字、中期国家债务、中期国家稳定基金、中期国家预算外基金等其他相关领域进行预测。

二、主要内容

（一）中期预算包括的内容及覆盖层级

俄罗斯2007年引入中期预算，自2008预算年度起，将联邦预算与国家预算外基金预算都纳入了未来三年（2009～2011）的中期预算范畴。预算外基金包括国家养老金、社会保险基金、联邦强制性医疗保险基金（社会保障基金）。此外，三年预算法案还界定了主权财富基金与联邦预算间的资金转移的规模。俄主权财富基金，石油稳定基金，于2008年拆分为储备基金和国家福利基金，分别用于缓冲国际油价波动和确保代际公平。储备基金的限额为GDP的10%，超出部分转移至国家福利基金，并根据预算法转移至养老金。

俄罗斯鼓励在区域和地方层面实行三年预算，但具体情况取决于各地立法制定情况。2008年初，只有三分之一的地区成功引入三年期预算①。

（二）中期预算编制方法

俄罗斯中期预算为三年期滚动预算，以报告年度为基年，每年向前延伸一年，在时间上实现滚动管理。中期框架内，经议会批准并付诸实施的预算年度定为中期计划的第一年，即预算年度，预算需提交议会审议的预算年度为第二年，而最后一个预算年度为“纯计划年度”。中期预算要对计划期间每一年为执行政府职能安排了哪些支出、支出是如何筹措的，要作全面的安排和审查。预算计划期间第二年的预算限额不如第一年制定得具体，只为各部委做规划划定支出底线，在提高可预测性的同时，各部委也保留了一定的灵活性。编制三年滚动预算时，时间向前延伸一年后，要对前一个预算周期

① 世界银行著：《超越年度预算——中期支出框架的全球经验》（第一版），财政部综合司译，中国财政经济出版社，2013年，181页。

中后两个预算年度的预算估计数进行技术上的调整，即通货膨胀调整，而后再添加一个预算年度，并根据现行政策作出估算，形成新一轮中期预算周期。

（三）中期预算执行情况

俄罗斯中期预算主要指标如表 5-1、表 5-2 所示。因金融市场和原料市场波动剧烈，截至 2015 年 8 月，俄罗斯财政部已两度对 2015~2017 年预算案进行修正。鉴于俄罗斯经济当前面临的不稳定形势，俄罗斯财长安东·希鲁安诺夫于 2015 年 9 月初提议将三年财政预算修改为年度财政预算，俄罗斯总统普京随后核准了一年一度财政预算的做法。

俄罗斯政府以 2016 年通胀率不超过 6.4%，乌拉尔原油年均价格每桶 50 美元为测算依据，于 2015 年 10 月 23 日向国家杜马（议会下院）提交 2016 年联邦预算草案①。2016 年俄国内生产总值预计为 78.673 万亿卢布（约合 1.253 万亿美元）。根据国家杜马公布的预算电子文本，俄 2016 年预算收入计划为 13.738 万亿卢布（约合 2187.5 亿美元），预算支出计划为 16.098 万亿卢布（约合 2563.3 亿美元），预算赤字为 2.36 万亿卢布（约合 375.8 亿美元），相当于 GDP 的 3%。预算草案将俄国内借款上限设定为 3000 亿卢布（约合 47.77 亿美元），国外借款上限设定为 30 亿美元。到 2017 年 1 月 1 日，内部国债上限拟设定为 8.818 万亿卢布（约合 1404 亿美元），外部国债上限拟设定为 551 亿美元或 501 亿欧元。

2016 年 1 月，俄罗斯在不到一个月时间内已两度启动联邦预算修订。财政部意识到油价或将低于今年国民经济核算通过时所假定的每桶 50 美元后，于 1 月份中旬将所有政府单位的预算削减了 10%。1 月底，俄罗斯总理梅德韦杰夫责令其政府于 2 月份第一周筹备修订预算，要求额外削减公共支出。随着油价跌至每桶 30 美元左右，预算赤字预计将占到 GDP 的 6%~7%，远高于 2015 年 12 月份设置的 3% 的目标。

---

① 2015 年 12 月 4 日，俄罗斯国家杜马审议通过《2016 年俄联邦预算法》，2015 年 12 月 9 日联邦委员会批准。

表 5－1　　俄罗斯联邦 2014～2016 预算体系主要指标　　单位：10 亿卢布

指　　标	2013 年	2014 年	2015 年	2016 年
收入总计	24515.3	25941.0	28617.8	31413.7
占国民生产总值比例（%）	36.9	35.1	34.9	34.4
联邦预算	12865.9	13485.5	14767.5	15908.1
联邦主体汇总预算	8592.7	9332.1	10233.1	11342.1
未计预算间转移支付的收入	7199.2	8023.3	8929.2	10033.1
政府预算外基金预算	7891.3	7692.7	8518.1	9252.4
俄罗斯联邦养老保险基金预算	6268.9	5904.6	6428.5	7002.4
未计预算间转移支付的收入	3377.6	3159.9	3502.7	3896.9
社会保险基金预算	563.1	563.6	628.1	698.2
未计预算间转移支付的收入	440.7	527.6	586.9	653.9
强制性医疗保险资金预算	1059.3	1224.5	1461.5	1551.8
未计预算间转移支付的收入	631.9	744.7	831.5	921.7
支出总计	24992.4	26450.7	29046.0	31857.2
占国民生产总值比例	37.6	35.8	35.4	34.9
联邦预算	13387.3	13847.0	15235.7	16451.8
未计预算间转移支付的支出	8954.3	9775.1	10989.4	12018.1
联邦主体汇总预算	8786.7	9438.9	10285.0	11363.6
未计预算间转移支付的支出	8404.1	8960.6	9649.4	10727.4
政府预算外基金预算	7653.0	7734.0	8426.2	9130.7
俄罗斯联邦养老保险基金预算	6014.3	5925.3	6322.1	6878.5
社会保险基金预算	579.4	584.2	642.6	700.4
强制医疗保险资金预算	1059.3	1224.5	1461.5	1551.8
联邦强制医疗保险基金，（不含社会保险基金的政府间转移支付）	12.2	32.7	13.8	15.5
地方强制医疗保险基金	1028.1	1172.8	1428.7	1517.3
赤字（－）/盈余（＋）	－477.1	－509.6	－428.3	－443.5
占国民生产总值比例（%）	－0.7	－0.7	－0.5	－0.5

资料来源：Основные направления бюджетной политики на 2014год и на плановый период 2015 и 2016 годов（俄罗斯 2014～2016 年预算政策规划）。

表 5-2　　俄罗斯联邦 2015～2017 预算体系主要指标　　单位：10 亿卢布

指　　标	2014 年	2015 年	2016 年	2017 年
收入总计	26367.4	27917.6	29770.7	31688.2
占国民生产总值比例	36.9	36.7	36.2	35.3
联邦预算	14238.8	14923.9	15493.2	16272.7
联邦主体汇总预算	8442.2	8927.8	9441.9	10135.6
未计预算间转移支付的收入	7026.0	7498.8	8092.5	8735.1
政府预算外基金预算	8114.5	9210.1	10085.0	10620.7
俄罗斯联邦养老保险基金预算	6294.6	7163.8	7761.2	8154.8
未计预算间转移支付的收入	3837.3	4160.5	4556.0	4913.5
社会保险基金预算	579.8	592.6	615.8	666.8
未计预算间转移支付的收入	532.1	545.2	587.2	637.1
强制性医疗保险资金预算	1240.1	1453.7	1707.9	1799.1
未计预算间转移支付的收入	733.3	789.1	1041.8	1129.7
支出总计	27057.2	29577.0	31282.3	33003.2
占国民生产总值比例	37.8	38.9	38.0	36.7
联邦预算	13960.1	15252.3	15975.5	16827.4
未计预算间转移支付的支出	10033.8	10772.0	11390.5	12178.8
联邦主体汇总预算	9299.2	9870.1	10388.1	11041.5
未计预算间转移支付的支出	8816.4	9225.2	9742.8	10368.4
政府预算外基金预算	8226.0	9598.8	10168.1	10475.1
俄罗斯联邦养老保险基金预算	6421.0	7558.4	7844.9	8022.5
社会保险基金预算	564.9	586.7	615.2	653.5
强制医疗保险资金预算	1221.1	1434.7	1688.9	1780.1
联邦强制医疗保险基金，（不含社会保险基金的政府间转移支付）	46.7	0.7	0.8	0.8
地方强制医疗保险基金	1174.3	1433.9	1688.1	1779.3
赤字（－）/盈余（＋）	－689.8	－1659.4	－1511.6	－1315.0
占国民生产总值比例	－1.0	－2.2	－1.8	－1.5

资料来源：Основные направления бюджетной политики на 2015 год и на плановый период 2016 и 2017 годов（俄罗斯 2015～2017 年预算政策规划）。

三、简要评述

（一）中期预算发挥的作用

1. 强化了总量控制与财政纪律

中期预算的主要作用之一是为年度预算建立具有约束性的支出限额，它确定了政府未来几年预算收入总量、支出总量、盈余、赤字和债务总量的限额，制定了预算规模和结果变更的规则，试行了”自上而下“的预算资金分配方式，保障了预算资金总额控制的完成。各部委的预算限额也在三年预算中确定，如果部委提出新支出项目建议，预算一般也不能超过部委预算限额，若项目确实重要需要实施，也要在控制总预算限额的情况下在部委间重新划拨预算。

2. 确保资金优先性配置

中期预算的另一个主要作用在于向财政管理者和公众阐明政府的政策意图及其调整方向。在缺乏中期预算框架的情况下，为应对环境变化而需要迅速进行的支出调整，将倾向于削减在短期内易于削减的投入和活动，例如公共基础设施的维护与保养支出。此类调整产生的主要问题是：支出调整并不以政府政策为基础，因而经常与政策目标和优先性发生偏离。通过阐明实施新型政策在未来（中期）需要安排的支出，中期预算框架使政府能够评估各项政策的成本有效性，从而选择更能体现政策意图的支出项目。

3. 提高财政资金使用效率

在实施中期预算改革前，俄罗斯长期以来实行的预算管理模式都是以“投入”为核心，这种预算管理模式赋予了公共支出部门一种实际的特权：无论支出的资金能否取得产出，它们都能从国家财政资源中索取到资金。这种投入型预算对预算结果的漠视，使预算部门不是以公共利益为预算考虑的重点，而只考虑公共支出部门利益的大小，造成各个支出部门争相索取更多的资金，却无视资金使用效率。在这种情况下，预算支出项目不仅交叉重复，而且“钱出多门”、“政出多门”，这既造成了政府预算资金的巨大缺口，恶化了国家财政状况，又降低了预算资金的使用效益和政府行政效率。而中期预算以绩效为基础，关注支出的产出结果，对控制支出、提高资金使用效率更为有效。

（二）中期预算与年度预算的关系

中期预算与年度预算有机结合。中期规划的第一年对应年度预算年，年度预算的编制、审批都包含在中期预算编制和审批的过程中。年度预算的限额也是在中期预算框架下确定的，中期预算对年度预算形成了约束。

（三）中期预算的效果

1. 逆周期调节经济

年度预算以年度财政收支平衡为原则，会强化商业周期，带来顺周期效果。当经济下滑，失业率上升时，收入下降，税收会随之下降，为实现预算平衡，政府面临提高税率或缩减支出的选择，这会造成总支出下降，加重经济下滑。当经济较热时，税收收入上升，政府会降低税率或增加政府支出，造成经济过热。而中期预算以周期性财政收支平衡为原则，当经济处于下滑周期，政府会降低税收，增加支出，刺激经济增长，反之亦然，确保预算在一个经济周期内实现平衡即可。近年来，俄罗斯经济下滑，基于周期性财政收支平衡的原则，通过调入储备基金和国家财富基金弥补预算不足，确保了财政的逆周期调节。为确保财政稳定，2010～2014 年，联邦预算的石油和天然气收入都用于了联邦预算支出。

2. 提高财政可持续性

许多当前的政策或政府承诺隐含着导致未来开支或损失剧增的财政风险，但在年度预算框架下，由于这些开支不能在预算中体现出来，这些可能造成高昂代价的潜在风险在预算过程中就被忽略了。一旦潜在风险转化为现实的损失或支出责任时，采取防范措施已经为时太晚。相比之下，多年期预算的一个突出优点在于把注意力导向当前政策的长期可持续性，使人们在早期阶段就能鉴别和暴露那些不利的支出趋势。

但在具体实践中，由于近几年，俄罗斯在编制三年预算时，对宏观经济发展趋势预测和中期预算收入规模预测都好于实际，造成预算编制与执行过程中预算支出高于实际预算收入。为确保预算支出，俄不得不将用于储备基金和国家财富基金的资金用预算支出，这影响了俄财政的应急能力和可持续性。例如，2015～2017 年预算的制定基础是，预计未来三年时间里的平均油价将为每桶 100 美元、西方国家在 2015 年中取消制裁措施以及俄罗斯经济增长速度从 2015 年开始加快。截至 7 月中旬，乌拉尔石油价格已跌至 56 美元/每桶，而俄罗斯油气相关收入在预算收入中的占比高达一半以上，政府只好储备资金来履行其支出相关承诺，造成了储备基金规模的显著下降。因此，俄罗斯要进一步改善中期预算的成效，还应先提高宏观经济发展趋势和收入规模预测能力，提高预测的准确性，在此基础上制定支出计划，才能确保财政的可持续性。

（四）未来改革的方向

1. 提高宏观经济发展趋势与财政收入预测的准确性

宏观经济发展趋势预测是财政收入预测的基础，根据宏观经济发展趋势预测的税收收入预测是确定年度预算限额的关键依据，因此，宏观经济发展趋势与财政收入预测的准确性是预算编制科学性的前提条件。近年来，由于石油价格大幅下跌，俄罗斯对宏观经济发展趋势与财政收入的预测都好于实际，造成预算限额的确定高于税收收入所能支撑的额度，降低了预算编制的科学性，给预算执行带来了困难。

2. 明晰三年预算调整规则，完善预算资金配置机制

明晰三年预算调整的规则，提高预算资金重新配置灵活性的同时限制超支。三年预算存在支出过于僵化的问题，尤其是要推进重大改革需要对资金进行重新分配等，俄罗斯是通过下一个预算周期内编制新的三年预算时对第二年和第三年预算限额的估计数进行调整，或通过出台预算修正案来实现这一目的的。但在新预算周期内调整上一预算周期第二年和第三年的限额估计数，应制定清晰的规则，禁止强制性支出项目出现超支现象。若该条款能在《预算法典》中得到明晰，也会使部委谨慎评估现行项目，避免为争取到项目，起初将预算做得很低，而后在新预算周期内调高。

3. 取消预算修正案，提高三年预算的约束力

虽然俄罗斯在三年预算编制中也设定了年度预算限额，但在预算执行过程中，依然保留了预算修正案这一渠道，预算年度对预算限额作出调整，削弱了中期预算对年度预算的约束力。因此，俄罗斯在未来的预算改革中，应在进一步完善三年预算可预见性的基础上，取消预算修正案，使中期预算发挥更好的作用。

第六章 美 国

美国各层级政府普遍建立了中期预算制度或中期预算框架。中期预算的实践在各州（以及州以下）政府不尽相同，各具特色。政府间职能的巨大差异，特别是是否具有宏观经济稳定和收入再分配的职能，致使中期预算编制的内容在各级政府之间差异较大。联邦政府需要对国家安全、重大社会经济风险、宏观经济稳定和收入分配负责，尤其是有平抑经济波动的职能，因此，联邦政府不仅对预测期内的财政相关情况进行分析，包括联邦政府财政收入、支出、赤字、债务、利息等，还需要预测人口等影响预算执行效果的因素，并对不同情况下可能出现的预算执行结果、不同的政策调整方案会对宏观经济带来什么样的短期和长期影响进行分析。除联邦政府之外的各级政府几乎没有承担经济稳定政策的动机，当然，也没有承担能力，因为它们缺乏必要的宏观经济工具来执行这样的政策，因此，州政府一般只编制资本预算。

本章只介绍美国联邦一级的中期预算实践。总体上说，联邦政府预算管理体系当中具有几个中期的要素，主要包括：支出部门编制多年期支出计划、总统预算办公室和国会预算办公室提供中期财政收支预测上报国会、资本支出部分实行跨年度拨款机制等等。

一、基本情况

（一）编制的目的

美国编制中长期预算的初始原因是财政收支的恶化或经济不景气，目的是将短期宏观经济问题置于一个中期的宏观经济视角来考虑，保证财政支出不超过财政的能力范围，达到削减财政赤字和降低联邦债务率的目标。随着预算制度理念与实践上的不断成熟，美国中期预算框架又新增了另外两个目标：一是提高资源配置效率。通过加强政策制定、强化规划与预算之间的联系，体现政府在支出安排上的意愿，使支出结构体现政府的政策优先性；二是提高政府运行绩效，改进服务供给。由于年度预算关注的焦点是投入控制，所以结果导向性很弱，产出和成果不是关注的焦点。中长期预算则更加关注资源使用的结果和效率，于是，公共服务的提供会得到改善。

（二）起源和发展

美国联邦中长期预算制度的建立，首见于1965年开始推行的“规划设计预算制度”（Planning - Programming - Budgeting System，PPBS），预算局（Bureau of Budget，预算管理办公室OMB的前身）要求在半年之内，各联邦机构应重新评估其任务与职能，提供一份涵盖5年期的“方案设计与财务规划书”（Program and financial plans），逐年描述各项方案设计的目标与预期成果，并提供投入、产出与目标之间的相关资料，以作为绩效评估的基础。但因长期目标拟定与方案设计工作繁重，行政官员难以负荷，执行结果并不理想，遂于1971年宣告不再执行。不过，“政策与预算结合”、“眼光放长、放远”、“强调分析能力”、“绩效评估”等理念，为大多数人所认同。1973年尼克松总统推行“目标管理”（Management by Objectives，MBO），则就目标设定、预算配置及目标实现三个阶段的活动过程进行管理，且非常重视行政部门的政策结果或服务结果。1977年卡特总统下令推行“零基预算”（Zero - Base Budget，ZBB），包括强调每年必须重新由零开始评估支出计划（及要求在不同的预算水准之下，依照所能获得的最优政策结果，排列优先次序）、制定中长期政策目标，以及将政策计划与预算资源配置相互联结，基本上延续了 PPBS 的精神。1993 年克林顿总统签署“政府绩效与成果法”（GPRA）更是 PPBS 的翻版。在几个重要法案的通过后，建构了密切结合的三个环节：（1）确立未来 5 年主要支出责任上限；（2）在支出上限之规范下，由各支出部门遵循 GPRA 的架构制定其政策目标与年度、中期支出计划；（3）由预算管理局（OMB）和国会预算局（CBO）负责预测中期支出相关信息以作为上面两项目标的依据。

（三）编制的法律依据

1.《国会预算及截留控制法 1974》（Congressional Budget and Impoundment Control Act of 1974）

该法赋予了国会独立起草预算提案的权力，终结了美国自 1921 年以来只能由总统独立提出预算报告的历史。为了保证权力制衡原则，国会决定在原来收入委员会、拨款委员会的基础上，增设了众参两院预算委员会（Budget Committee）和国会预算办公室（CBO）。预算委员会的任务是发布预算决算报告、研究现有和建议立法对于预算的影响、监督国会预算办公室的运行。自此，美国国会不仅可以表决预算，也可以独立提出预算提案，美国进入国会和总统共同控制预算管理过程的时期，使现行的美国预算包括总统预算（President's Budget）和国会预算（Congressional Budget）两种。《国会预算和控制截留法案 1974》重新确立了美国国会在预算过程中的地位，从而奠定了美国现代预算的制度、程序和框架（Lee，2008）。

该法规定，联邦的 OMB 与 CBO 均需要定期发布 5 年财政收支预测，纳入年度预算文件中。OMB 的预测有二个不同的版本：一是将行政部门提出的政策草案内容纳入考量形成预算文件，由 OMB 与经济顾问委员会（Council of Economic Advisors）和财政部共同负责；二是“现行服务水准估算”（current service estimation）或称“基线预测”（base – line projections），即假定现行政策不变时的未来收支预测，并配合年度预算书的发布，定期发布“美国政府预算分析”（Analytical Perspectives：Budget of the US Government）。随后 CBO 将发布“预算与经济展望”（The Budget and Economic Outlook），该文中的预测基准与 OMB 的第二套版本相同，但如果两者有差异，依照该法规定，应由 OMB 向公众解释造成差异的理由。

2.《平衡预算与紧急赤字控制法 1985》(The Balanced Budget and Emergency Deficit Control Act of 1985)

也称格—拉—霍法(Gramm - Rudman - Hollings Act),明确未来年度应逐年降低联邦预算赤字上限,并采用“等比例削减”(sequestration)机制,即如果某一年度预算赤字超过法定上限,OMB 就必须启动该机制,每年等比例削减赤字,以期在 1992 年实现“零赤字”目标。

3.《预算执行法 1990》(The Budget Enforcement Act of 1990, BEA)

该法将公共支出划分为自主支出(discretionary spending)与法定支出(mandatory spending)。自主支出包括国防、国际事务、暴力犯罪防治及其他国内开销四大类,明确未来数年的支出上限,结余不得留用,如超过上限则启动“等比例削减”机制。法定支出未确定上限,但具有“民生权益性支出(entitlement spending)”性质的支出项目必须依据“现收现付(或收支平衡)”(PAYGO)原则,以避免预算赤字。如有政策提案导致法定支出增加,就必须提出增税或减少其他支出的提案,当违反时,OMB 应在该会计年度国会会期结束时启动“等比例削减”机制。

4.《首席财务官法 1990》(Chief Financial Officers Act of 1990)

考虑提升公共支出的配置效率,必须致力于财政咨询品质及财务控制方面的改进,明确由首席财务官负责整合各部门预算与财务管理,其推行重点包括预算会计的适合整合。

5.《政府绩效与成果法 1993》(Government Performance and Results Act of 1993, GPRA)

该法要求各支出部门编制至少 5 年期的“战略规划书”,并提出“年度绩效计划书”、“年度绩效报告书”,并赋予部门“管理弹性”,并采取“渐进模式”推进。

6.《预算平衡法 1997》(The Balance Budget Act of 1997)

该法明确所有的预算决议案(Budget resolutions)均须以 5 年为期,并将《预算强制法 1990》(BEA)中有关“等比例削减”及“现收现付”等机制延长至 2002 年,连同各种削减支出的方案一起,在 2002 年实现联邦预算平衡的目标。

7.《现收现付法 2010》(The PAYGO Act of 2010)

法案明确要求任何支出的增加或税收的减少必须有相对应的资金来源以防范可能性的赤字增长。

8.《政府绩效与结果现代化法 2010》（The Government Performance and Results Modernization Act of 2010）

该法进一步关注支出部门是否事先制定绩效目标，敦促在项目选择的基础上实施。

9.《预算控制法案 2011》（The Budget Control Act of 2011）

恢复了自主性支出上限（“caps”）条款。重新启动了中止于 2002 年的“现收现付（或收支相抵）”（PAYGO）规则。

（四）编制机构

总统预算办公室（OMB）提供中长期宏观经济与财政预测，并将其包括在年度预算文本当中，预测期覆盖即将来临的财政年度以及随后的 9 年。美国的国会预算办公室（CBO）是所有 G20 国家中规模最大、也是掌握资源最多的财政委员会。负责提供独立的中长期宏观经济与财政预测，还包括所提出的对宏观经济变量的假设，以及根据这些假设估算的经济与财政数据对于经济变动的敏感性分析，并提供一些可选择的方案供国会决策时参考。虽然 CBO 自身不提供政策建议，但对总统预算草案的“再预测”，使得国会可以基于相同的经济与技术假设条件，将行政部门的收支预测与 CBO 的“基线预测”进行比较。OMB 在预算执行过程中需要将实际执行的结果与前期预测出的结果进行比照，并在年度中间对预测的结果作一次更新，及时向公众披露。

（五）时间和流程

美国联邦政府编制中期预算的时间是与年度预算编制同时进行，采取自下而上的编制流程。总统在每年的 2 月份向国会递交预算草案，预算文本中包括行政机构对未来中长期（十年及以上）的收入和支出预测、政策优先战略安排，以及计划采取的一系列税收和支出政策方面的调整。

（六）编制方法：基线预测法

OMB 与 CBO 是基于现行立法和与政策不发生变动的假设，即运用基线预测法（baseline projection）进行预测，也就是说，除了总统在预算草案中的政策建议之外，预测时期内不发生任何立法与政策的变动。预算基线为预算编制设定了特别重要的起点，重要的是为立法机构提供了一个“当支出与收入政策发生变动时”所对应的基准或参考的坐标系。立法机构在考虑行政机构的收支水平提议时，将其与基线预测的水平进行比较。

二、主要内容

（一）文本内容的演变趋势

按照法律规定，中期预算报告主要围绕预算收支和赤字等展开，以及一些影响长期预算的重点因素和预算支出重点领域。

1976 年第 1 份五年预算的正文内容包括三部分。第一部分是未来五年概览，第二部分是未来五年联邦支出总额和按照功能分类的支出构成（包括国防、福利、转移支付），第三部分是税收。概览主要是预算情景假设，包括经济形势展望（增长、通胀、就业等目标设定）、预算收支概览、充分就业预算、政府收支构成等。1976 年经济形势预测共模拟了两个场景：第一个场景是平均经济增长率为 6%，失业率 1980 和 1981 年下降到 4.5%，年度通胀率为 6% ~7%，名义 GNP 年均增长 13%。第二个场景是平均增长率为 5%，1981 年失业率下降到 6% 以下，通胀率略低于第一个场景，名义 GNP 年均增长 11%。随后介绍了场景模所采用数据的来源：经济增长率的数据是按照第二次世界大战后五年增长率的均值计算，通胀率和失业率略高于过去 30 年的平均值。后续的五年报告基本延续了这个结构并有所扩展。

1992 年的五年预算报告（1993 ~ 1997）包括 5 部分，分别是经济展望、预算展望与预算过程、支出展望、收入展望和促进经济复苏的财政货币政策。

1996 年的第一份长期预算报告包括三部分，分别是经济展望、政策和政策影响。第一部分首先论述了老龄化的到来及其对预算的影响，第二部分是降低社保和健康支出增速的政策建议，第三部分则是个体选择和政策对于长期预算的影响。

2014 年长期预算报告包括七部分，分别是预算展望、健康项目展望、社会保障展望、联邦政府其他非利息支出展望、预算收入展望、不同财政政策对经济和预算的长期影响和长期预算展望的不确定性。

（二）2015 年联邦中长期预算报告主要内容（The 2015 Long - Term Budget Outlook，CBO）

2015 年中长期预算报告的框架与 2014 年相同，正文由七部分组成，即七个章节。第一章：预算展望；第二章：健康项目展望；第三章：社会保障展望；第四章：其他非利息支出展望；第五章：收入展望；第六章：不同财政政策对经济和预算的长期影响；第七章：长期预算展望的不确定性。主要内容概括为以下几个方面。

1. 未来十年中长期预算状况

报告认为，美国经济将逐渐从萧条中走出，政府之前采取的一系列针对经济衰退的政策措施以及税收和财政支出相关法律的变革协同发挥作用，将使赤字率在 2015 年达到 2.7%，为自 2007 年以来的最低值。然而在接下来的十年，人口老龄化、人均医疗成本的增加、《平价医疗法案》带来的受益人数和保险金的增加，这些都直接造成财政支出的增长。政府赤字率短时间内不会发生显著变动，在最初五年可能会保持当前水平，但五年后会有所增长，十年之后可能达到 4%，赤字总额将达到 74000 亿美元。未来五年内联邦政府债务率保持在 73% ~ 74% 之间，随后由于赤字率的增加，导致 2025 年联邦政府债务率上升到 78% 的水平。

2. 2040 年中长期预算状况

受人口老龄化和医疗成本增加的影响，联邦财政收入将出现入不敷出的现象，造成联邦预算账户持续不平衡。到 2040 年，联邦债务率将达到第二次世界大战后的最差水平，与 1945 年和 1946 年的水平相当。债务率的增加以及边际有效税率的增加将使经济产出额低于预计，而利率高于预计。这些宏观经济效应反过来会影响政府预算执行效果，导致联邦财政收入的降低，并增加应付利息额。联邦财政支出占 GDP 的比重将从 2015 年的 20.5% 增加到 2040 年的 25.3%（见表 6 - 1）。表现为以下几个方面：

（1）社保支出和政府医疗支出显著增加。《平价医疗法案》的出台增加了参保者的人数和保险金额。2040 年，这一方面的支出为 GDP 的 14.2%。

（2）联邦政府利息支出将在2040年增至GDP的4.3%，这主要是由于债务率的增加。而这一数值在过去50年的平均值为2.0%。

（3）其他方面的开支将在2040年下降到GDP的6.9%，低于过去50年11.6%的平均值。

联邦财政收入占GDP的百分比也会有所增加，但增幅会远远低于支出。在2040年，联邦财政收入占GDP的百分比将会达到19.4%，高于过去50年17.4%的平均值。增加的原因主要在于劳动者收入的增加幅度要高于通货膨胀率，带来税收收入的增加。

因此，如果不考虑期间的政策调整，那么到2040年赤字率将达到5.9%，比1947年至2008年期间的任何一年都要高。这将导致债务率在2040年达到103%，仅次于1945年和1946年的水平。如果考虑期间的政策调整，赤字率预计在2040年达到6.6%，债务率则会达到107%。

表6－1　　国会预算办公室的主要预测数据（占GDP的%）

<table>
<tr><th colspan="4"></th><th>2015年</th><th>2025年</th><th>2040年</th></tr>
<tr><td rowspan="14">不考虑政策调整</td><td rowspan="5">财政收入</td><td colspan="2">个人所得税</td><td>8.4</td><td>9.5</td><td>10.4</td></tr>
<tr><td colspan="2">工薪税</td><td>5.9</td><td>5.7</td><td>5.7</td></tr>
<tr><td colspan="2">公司所得税</td><td>1.8</td><td>1.8</td><td>1.8</td></tr>
<tr><td colspan="2">其他财政收入</td><td>1.7</td><td>1.2</td><td>1.5</td></tr>
<tr><td colspan="2">总财政收入</td><td>17.7</td><td>18.3</td><td>19.4</td></tr>
<tr><td rowspan="7">财政支出</td><td rowspan="4">强制性支出</td><td>社会保障</td><td>4.9</td><td>5.7</td><td>6.2</td></tr>
<tr><td>主要医疗项目</td><td>5.2</td><td>6.1</td><td>8.0</td></tr>
<tr><td>其他强制性支出</td><td>2.6</td><td>2.3</td><td>1.8</td></tr>
<tr><td>强制性支出总和</td><td>12.7</td><td>14.1</td><td>16.0</td></tr>
<tr><td colspan="2">自主性支出</td><td>6.5</td><td>5.1</td><td>5.1</td></tr>
<tr><td colspan="2">净利息支出</td><td>1.3</td><td>3.0</td><td>4.3</td></tr>
<tr><td colspan="2">总财政支出</td><td>20.5</td><td>22.2</td><td>25.3</td></tr>
<tr><td colspan="3">赤字率</td><td>－2.7</td><td>－3.8</td><td>－5.9</td></tr>
<tr><td colspan="3">年末债务率</td><td>74</td><td>78</td><td>103</td></tr>
</table>

续表

			2015 年	2025 年	2040 年
考虑政策调整	赤字率		−2.7	−3.8	−6.6
	年末债务率		74	78	107
备忘录：	社会保障	收入	4.4	4.3	4.3
		支出	4.9	5.7	6.2
		赤字率净增加（−）	−0.5	−1.4	−1.9
	医疗保险	收入	1.5	1.6	1.7
		支出	3.5	4.4	6.3
		补偿性收入	−0.5	−0.8	−1.2
		赤字率净增加（−）	−1.5	−2.0	−3.4
	税收支出		8.1	不详	不详
	GDP（十亿美元）		18016	27456	50800

资料来源：国会预算办公室。

3. 联邦债务持续增长的负面影响

政府债务率越高，财政风险越大。可能使投资者怀疑政府削减债务的意愿和能力，也直接导致政府借款利息成本的增加。这种财政危机会给决策者制造许多困难，并给国家带来负面影响。即使不发生危机，如此高的债务率也会给经济和联邦预算造成极大的负面影响：

（1）长期来看，巨额的联邦债务将会使资金从私人投资领域逃离，因为国民的储蓄大部分被用来购买政府债券，而不能用于私人投资领域。这会导致产出和收入的降低（尽管会降低，但是由于生产效率的提高，人均产出和收入仍会高于当前水平）。

（2）联邦政府的利息支出会不断攀升，这就要求政府增加税收，减少社保和公共服务支出，或者双管齐下，将赤字和债务控制在目标水平。

（3）巨额债务会限制决策者使用税收和支出政策工具来应对经济下滑或者财政危机等一些预料之外的局面。这会导致这些局面对经济和人民的生活产生更大的负面效应。此外，如果债务过高，那么国防开支也会受到限制。

4. 财政收支政策调整对联邦债务的影响

报告中的大部分预测都是基于以下假定，即联邦税收和支出政策不发生大的调整。如果税收和支出政策发生调整，则会对预算和经济表现产生很大影响。国会预算办公室分析了三个情景，分析如何通过税收和支出政策的调整来对商品和服务的需求产生影响，进而影响整个经济。一是扩张性财政政策，增加支出短期会扩大需求，从而增加产出和就业，但会扩大政府赤字和债务规模，中期内的负面影响可能会被较低的边际税率所抵消，但长期会降低产出。另外两个是紧缩性财政政策，短期会减少需求，从而降低产出和就业，但中长期可能会减少政府赤字和债务负担。

在扩张性财政政策情景下，联邦政府财政收支占 GDP 比重会保持在现有水平。在此假定之下，从中期来看，十年之后的赤字总额会比上文的预测多出 20000 亿美元。由此造成的高债务率所带来的负面影响可能会被较低的边际税率所抵消。但从长期来看，经济产出会降低，利率会升高。国会预算办公室预计此情景下的联邦政府债务率会在 2040 年达到 175%。

在第一种紧缩性财政政策情景下，政府赤字在 2025 年预计比之前的基准预测少 20000 亿美元。之后，每年赤字率都会同比例下降。长期来看，这个情景下的经济产出会更高，利率会更低。国会预算办公室预计此情景下的联邦政府债务率会在 2040 年达到 72%，接近 2013 年的水平。

在第二种紧缩性财政政策情景下，预测的赤字总额在 2025 年会比之前的基准预测少 40000 亿美元。到 2040 年，债务率会降到 39%。与上一种情景一样，长期来看，这个情景下的经济产出会更高，利率会更低。

5. 中长期预算的不确定性分析

即使未来税收和支出政策都不发生调整，毫无疑问，预算执行结果也会与预计的情况有出入，这与经济、人口和其他一些要素的变动有关。

为了说明预测的不确定性，国会预算办公室分析了四个要素的变化对预测结果的影响情况。这四个要素分别是未来的死亡率、生产效率的提高、联邦债务利率、联邦医疗卫生支出。在上文所述的基准预测中，国会预算办公室预计联邦债务率在 2040 年会达到 107%。这四个要素的变化程度主要参考它们过去的变化程度以及未来可能发生的变化。例如，在过去的几个 25 年内（1950～1974，1975～1989，1990～2014），全要素生产率的平均增长率的浮动不超过 1 个百分点。因此，国会预算办公室预计接下来的 25 年中（2016～2040），每年的全要素生产率增长率为0.8%，或者为1.8%，比基准预测中1.3%的全要素生产率提高或者降低了0.5个百分点。预测结果如下：

（1）如果四个要素中只有一个发生变化，那么25年后，联邦债务率会在比基准预测低18个百分点到高23个百分点的范围内波动。

（2）如果上述四个要素同时朝着增加赤字的方向变化，但是变化幅度仅为上述情形的60%，那么25年后，联邦债务率会比基准预测的数值多37%。相反，如果四个要素同时朝着减少赤字的方向同幅度变化，那么25年后联邦债务率会比基准预测的数值少31%。

这些预测并没有包括所有可能的情况，也没有覆盖其他一些影响因素，例如经济萧条、大的战争或者出生率的变化等。然而，这份报告涉及了影响联邦收支的一些关键因素，并得出了重要的结论，即如果现有法律制度不变，那么25年后，联邦债务率水平会比现在更高。

6. 调整财税政策的时机选择

联邦财政的不可持续性给立法者和执行者带来了极大的挑战。除非医疗项目和社会保障项目可持续，否则未来医疗和社会保障支出占GDP的比重将远远高于过去。联邦财政支出整体水平不断提高，财政收入会有所增长，但支出的增长会超过收入的增长，带来财政赤字的增加。再过几年，联邦债务率的增长将超过经济增长，这会给经济带来负面影响。从中长期来看，立法者必须对现行税收政策和支出政策作出调整，比如减少福利项目的开支，增加财政收入，或者多项措施共同发力。政策调整的幅度主要取决于立法者所认为的联邦债务率的合理水平。

如果立法者的目标是到2040年将联邦债务率降到74%，那么从2016年起，每年增收减支的额度就需要达到GDP的1.1%。但如果目标是达到过去50年中38%的平均水平，那么从2016年开始，每年增收减支幅度需要达到GDP的2.6%，例如，2016年为4800亿美元，约人均1450美元。具体措施如下：

一方面，立法者选择增加财政收入。这项措施要求在2016～2040年期间每年比国会预算办公室基准预测的数据增加14%的财政收入。对于收入处于中等水平的五分之一美国人来说，2016年国家财政收入增加14%意味着他们每个人需要多缴纳1700美元的税收。

另一方面，立法者选择削减开支。这就要求未来25年每年比国会预算办公室基准预测的数据减少13%的财政支出。举例来说，对于1950年以后出生以及65岁以后开始领取社会保障的中等收入水平的美国人来说，这意味着他们每年将会少领2400美元的社保补贴。

立法者必须对政策出台的时机作出权衡：越快采取措施削减赤字，政府债务余额就越少，政策调整的幅度就越小，政策实施的不确定性就越小。但是，突然削减开支或者增加税收可能民众一时难以承受。如果用相对较长的时间实施增收减支战略，短期内对产出和就业的负面影响相对较小。然而，增收减支之前的阶段可能会累积更多的债务余额，这就需要加大政策调整的力度，以实现既定的债务减控目标。

根据国会预算办公室的预测，如果要在2040年将债务率降到过去50年中38%的平均水平，但2021年以后再作出政策调整而在此时点前政策不变，那么从2021年到2040年，增收减支的幅度需要比基准预测值多3.2个百分点，比2016年开始作出政策调整高出0.6个百分点。如果2026年开始作出政策调整，那么为了达到相同的目标，增收减支的幅度则要比基准预测值多4.2个百分点。即使收支调整政策不马上启动，尽早作出决策也将可以有助于降低长期利率，减少政策的不确定性，增加投资者和消费者的信心。

三、简要评述

至1998年底为止，所有OECD国家都已经建立了中期预算框架，其使用名称包括“多年度预算”（multi - year budgeting）、“中期支出框架”（medium - term expenditure framework）、“支出规划与预测制度”（Expenditure Planning and Forecasting System）等。但依照不同的做法，可以归纳为三种模式。第一种模式仅在年度预算文件中附加中期财政收支预测，以供新年度资源配置之参考。第二种模式在中期财政收支预测信息外，将中期财政规划列为正式年度预算文件之一。以上两种模式为大多数国家所采用，但在预算内所揭示的文件不具有法定约束力。第三种模式则要求上述预算文件均经国会审议，待国会通过后，未来几年的计划预算也将确定，因而具有法定约束力。美国联邦政府所实施的中期预算制度是介于第二种和第三种之间的一种模式。

（一）财政目标及财政规则

虽然预算文本中会使用大量篇幅来描述和分析联邦政府赤字的变动趋势以及可能发生的财政风险，但却没有规范的财政风险报告，而且，也并不是所有潜在的财政风险及政府或有负债信息都被披露。预算文本当中的分析展望文本“The Analytical Perspectives”会提供一些量化的风险评估。

近几年来联邦政府虽然颁布了几项财政规则，但缺乏基于中长期框架的财政战略目标。“预算控制法 2011”恢复了在年度拨款程序中使用自主性支出上限（“caps”）条款。如果不在中期框架当中实施赤字削减计划，2013 年度行政部门就必须自动削减支出，即实施“等比例削减”条款，并且一直执行至 2023 年度。所谓的等比例削减，是要求在 2014 ~ 2023 年期间每一年实现 1.2 万亿美元的赤字削减计划，支出削减的一半来自于国防开支，另一半来自于国内其他支出，但却不包括社会保障（Social Security）和医疗救助（Medicaid），因这两部分都属于“民生权益性支出”项目。虽然在 2010 年颁布的法案中重新启动了“现收现付”（Pay - As - You - Go，PAYGO）规则，即项目不能出现赤字，或必须实现自我平衡，任何一个项目若发生收不抵支，则必须有相应的减支或增收措施，以防止赤字总量的增长。然而，有一些支出项目属于法定开支范畴，比如“社会保障信托基金”（Social Security Trust Funds），从而使“现收现付”这一财政规则，在控制联邦总赤字规模的作用上难以完全发挥政策效力。还有一些项目也比较特殊，比如失业保险，是联邦政府可以运用的重要的反周期财政政策工具，经济形势越差的年份支出需求越大。美国各个州政府都必须遵守预算平衡的规则，但联邦政府出现了赤字却没有相应的惩罚条款。

反周期宏观调控是财政政策设计的核心内容之一，但年度预算却难以做到。中长期预算不但能够很好地克服年度预算中的短视行为，更能够优化财政宏观调控。财政政策在发展中国家呈现顺周期和在发达国家呈现反周期的主要原因，在于是否存在一个明确的结构预算制度或者中长期预算制度。尽管美国并没有完全实现对于赤字的限制，但是却几乎完美地实现了财政支出反周期调控（Frankel et al，2013）。

（二）资源配置效率及政策优先性

中长期预算编制完成必须递交国会作为审议预算之参考。中长期预算编制完成后呈交国会作为决策时的参考，国会预算程序中只包括对行政部门年度收支预算的审议和批准，不包括中长期预算和财政目标。

中长期预算对未来的年度计划和预算的编制不具有法定约束力。总统年度预算中的支出总量计划不受多年期支出限额的约束，尽管“预算控制法案2011”恢复了自主性支出上限（caps）这一条款。美国的预算程序中，国会并不直接表决支出水平（outlay），而是表决预算授权水平（budget authority）。预算授权额度的使用期限仅一年，但一些项目的拨款必须分几年进行，或者是政府对有些项目具有无限的拨款责任，特别是基础设施项目或者类似的政府活动。

国会批准的支出额度原则上意味着它既是支出部门使用的上限也是下限，既不能超支也不能结余留用。根据《预算及截留控制法案1974》的要求，总统不能削减或截留支出部门的财政资金，也没有应急储备资金，年度发生的额外支出需要向国会提出补充拨款申请。

（三）绩效导向的预算管理

联邦政府多年来致力于以绩效为导向的预算管理制度的改革，过去启动的改革成果体现为信息可得性的显著提升，以及对项目运营过程的了解和掌握。但是，在预算决策中如何更多地使用这些信息却受到了挑战（立法机关重视的是资源配置效率，而行政部门能做的仅是提高技术效率）。《政府绩效与结果现代化法案2010》是在前期改革基础上建立的，该法案着重强调了政策优先战略的考量及项目优先次序的设定，要求加强行业组织之间的合作以实现共同的目标，采用一些评估指标和方法以改善预算的结果。2014年，所有的支出部门被要求使用战略性评估手段，并将评估的方法、结果和其准备的预算文件一起上报OMB，拨款按照具体项目进行。该法案还要求政府对选择项目进行深入评估。

（四）权责发生制会计的运用

自1992年开始，债务融资项目从现金收付制会计转向权责发生制会计。经国会审议批准的直接债务与担保债务的政府补贴成本，如果被估算出来便被视为实际发生，其资金来源也被视为政府的支出责任由国会审议拨付。但很多大的项目则不允许采用权责发生制会计，比如保险项目，其中包括联邦储蓄保险公司（Federal Deposit Insurance Corporation）、养老金保险公司（Pension Benefit Guaranty Corporation）、国家洪涝保险（National Flood Insurance）、国家保险发展基金（National Insurance Development Fund）以及农作物保险（Crop Insurance）等。这些项目的或有负债仍然采用现金收付制记账方法，预算中只反映实际发生的支出金额。政府资产不作系统性风险评估，但财务报告中采用权责发生制会计原则记账，以便摸清政府家底，考虑资产转换。

（五）自上而下的预算准备

美国没有一个包括全部自主性支出与法定支出的总支出限额。但是，“预算控制法案2011”中确有自主性支出上限的条款。在总统预算程序的初始阶段，OMB就没有对部门或机构的支出总量提出限额要求，仅对部门的预算编制工作提供政策层面的指导意见。上个年度预算中对下年度的预测结果被当作为下年度预算预测的起点（基线预测假设），除非有明确规定不让这样做。行政部门的年度预算程序中不对法定支出项目进行审核。税收的稳定性要求使其独立于预算程序之外，但其“民生权益性支出”项目需要服从于“现收现付”（PAYGO）或收支平衡的原则。国会审议预算是自上而下，但其与行政部门的预算程序不能很好地协调，目标不同，约束也不同。因此，在制度设计上不能保证预算决议不被延期，也会存在不通过预算的可能（比如2005年、2007年和2011年）。

总体上说，美国联邦政府的财务报告制度、财政收支预测等，非常全面、及时和严格。总统预算局（Office of Management and Budget，OMB）负责中期的宏观经济预测和财政预测，年中进行一次更新。国会预算局（Congressional Budget Office，CBO）提供独立的财政预测与分析信息。年度财务报告中披露财政风险以及财政可持续性的相关信息。依照美国宪法的规定，联邦预算中不包括州与地方政府的预测和预算信息。此外，联邦政府没有明确的中期财政目标。虽然年度预算的编制中需要遵循已经颁布的一些财政规则，但法定支出项目限制了这些规则在控制财政赤字总规模的作用。法定支出大约占三分之二的联邦政府支出，不需要通过年度预算审议和批准。主要的财政与预算政策在政治上缺乏共识，以及制度设置上造成了预算程序的分割，使得联邦一级的财政调整程序，在一定程度上丧失了稳定性与合意性。虽然绩效管理改革增强了政策优先性的确立及其对政策执行的监督，也提升了对项目评估的要求，然而，有关绩效的信息并没有全面反映在预算程序当中。

第七章　巴　　西

本章主要介绍巴西联邦一级的中期预算实践。总体而言，联邦政府预算管理体系由行政机构起草的三个相互独立的法律文件构成，包括多年期预算计划（The Plano Pluriannual，PPA）、预算指导（Lei de Diretrizes Orçamentária，LDO）和年度预算（Lei Orçamentária Annual，LOA）。巴西现行中期预算，即多年期预算计划，确定了新政府的主要战略目标和优先项目，以及未来四年支出的制度框架。按照世界银行的归类，PPA 并非正式的中期支出框架（MTEF），但是实施 MTEF 的基本要素已经具备；PPA 也不能归类为中期预算框架（MTBF），它不是基于多年度资源上限和自下而上的支出机构需求估计数的协调。

一、基本情况

（一）编制的目的

20 世纪 80 年代末至 90 年代中期，饱尝了三次地方政府债务危机的苦果后，巴西中央政府推出了旨在全面加强地方政府债务管理的“财政稳定计划”。1988 年巴西新宪法颁布，PPA、LDO、LOA 三个主要的制度工具被用于管理规划、资源配置和财政管理，旨在通过四年期预算过程的层级制度来协调预算规划编制。四年期预算计划 PPA 竭力控制债务规模，提高地方政府财政收支账户的透明度，促进州政府财政的长期可持续。PPA 等政策工具通过规划、预算和管理等方式更好地平衡了财政控制及政策的灵活性。2000 年 5 月巴西政府颁布了《财政责任法》，该法及其配套法律在重建一般财政管理框架、强化财政及债务管理任务等方面更进了一步。该法强调地方政府的年度预算要与中长期预算规划以及联邦政府的财政货币计划相一致。随着预算制度的不断完善，巴西四年期财政计划也开始关注政府运行绩效和资源配置效率和质量的提高。其中，年度预算 LOA 关注的焦点是财政预算、社保预算和国企部门预算，而中期预算 PPA 关注的是联邦政府未来四年的战略目标、预算项目和财政支出预算框架。

（二）起源和发展

总体来看，巴西公共预算的起源既与再民主化政治的发展密不可分，又深受英美公共预算制度和世行等国际组织推行的中期支出框架的影响。早在 20 世纪 60 年代，巴西政府就设计了“国家计划体系”（The National Planning System，NPS），该体系是中央计划的基本组成要素，是预算编制的指导原则。它为巴西的“项目预算”推行奠定了基础[①]。起初，巴西预算体系只是一份反映法定公共支出执行情况的会计账簿，后逐渐成为公共管理的新工具。1988 年新宪法引入的 PPA、LDO 和 LOA 等财政工具，主要目的是在预算过程中引入中期财政约束和规范政府优先战略。20 世纪 90 年代，巴西财政责任法细化了政府公共资源的使用原则，也逐渐成为公共账户的主要政策工具。多数学者认为巴西公共预算法案是一部典型的正规法，公共预算只能预测公共收入、定向税收和法定支出，不会修订法律，也没有主观创建权力[②]。但是，一些学者认为巴西预算只是一份为确保规划支出的法律授权书，不具有强制性[③]。理论上，巴西尚未建立正式的中期支出框架（Medium - term Expenditure Frameworks，MTEF），但实施（MTEF）的基本要素已经具备。实践中，巴西预算体系中包括四年预算计划（即《跨年度预算计划》（Plano Plurianual，PPA））和《预算指导法案》（Lei de Diretrizes Orçamentária，LDO），其中 LDO 包括较详细的年度预算（Lei Orçamentária Annual，LOA）以及未来两年期预算，但预算并未细化到行政部门或具体项目。跨年

① BIDERMAN，Ciro，ARVATE，Paulo. Economia do Setor Público no Brasil. Ed Elsevier. 2004.

② Brazilian Federal Constitution 1988，art. 153，art. 155，art. 156：http：//www. planalto. gov. br/ccivil _ 03/constituicao/constituicao. htm，accessed on 09/13/2014.

③ PASCOAL，Valdecir. Direito Financeiro e Controle Externo. 2009.

度国家规划，在许多方面存在预算重叠现象，每个项目或行动方案既有相同的项目结构，又有既定的财政资金来源。然而，对未来年份的支出目标和支出额，预算本身只能提供有限的观察。因此，巴西联邦预算秘书处（The Federal Budget Secretariat，SOF）将发展全面中期预算框架作为一个战略目标。

（三）编制的法律依据

1.《巴西联邦共和国宪法》（Constituição da República Federativa do Brasil，1988）

1988 年版巴西宪法创立了一系列新的程序规则，用以管理政府预算决策。该法主要目标之一是通过分级财政管理体制协调四年期预算规划，协调各级政治管理。它规定各级政府使用多年期预算计划、预算指令和年度预算三个制度工具管理规划、分配联邦资源和管理财政。

2.《财政责任法 2000》（Lei de Responsabilidade Fiscal（Lei Complementar n° 101，de 04/05/2000））

作为一部强化财政纪律、防控债务风险的重要法律，《财政责任法》于 2000 年获得了通过，适用于所有层级政府，但它规范的主要对象是州一级政府①。它为巴西公共财政管理（Public Finance Management，PFM）为改革奠定了坚实的基础。该法对巴西中央政府和各州、市政府的公共财政支出管理作出了详细的规定，包括限额控制各级政府的人员支出费用和公共债务，中央政府中止为地方政府提供还债资金，禁止无相应经费来源或经费来源不足的公共开支等。

3.《财政犯罪法》

该法明确规定违法官员将给予严厉的处罚措施，如规定地方官员若存在以下行为之一，将会被处以最高长达 4 年的监禁，包括未经立法机关授权举借债务，未经授权进行支出，在没有对等或更高价值抵押物的情况下提供担保，在任期最后 180 天内增加人员支出，未经登记发行政府债券等。

4.《预算指导法案》（Lei de Diretrizes Orçamentárias - LDO）

该法案是巴西年度预算的指导原则，用于连接 PPA 和 LOA，规避预算体制

---

① 《财政责任法》，http：//www1. worldbank. org/publicsector/pe/BudgetLaws/BRLRFEnglish. pdf。

的主要弱点。通过该法案，政府可以建立特定财年的管理目标和各目标间的优先顺序，达到平衡年度规划战略框架及预算实际执行能力的目的。

（四）编制机构

巴西预算编制的机构多，分工协作，各司其职。财政部和预算计划部负责预算编制，议会负责社差年度预算和预算相关立法；预算法院负责预算执行的监督、审计以及相关纠纷、诉讼的调处与裁决。

1. 预算编制和执行机构

巴西的预算编制和执行分由政府两个部门负责（见图 7－1）。预算与计划部（The Ministry of Planning and Budget，MOP）负责编制预算，该部下设 3 个国家专门委员会、11 个职能部门和 3 个直属单位。副部级的联邦计划局和预算总局根据国家的长期计划，预算方针和预算目标，具体编制预算草案。预算编制中所需要的下年收入预计数字以及上年预算执行情况，由财政部负责提供。除预算编制外，国家的经济社会发展规划和国有企业的管理。

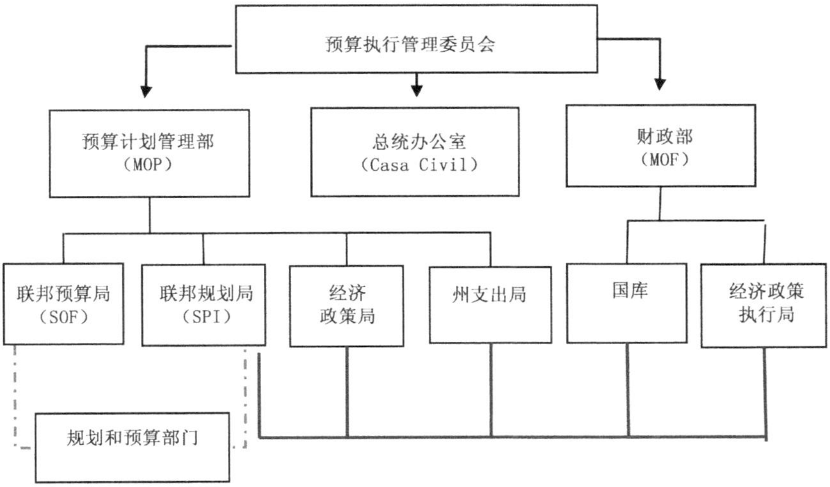

图 7－1　巴西预算管理机构图

巴西财政部负责预算执行，其中税务总局、国库总局、联邦监控总局具体负责预算执行和监督，虽然在预算编制中财政部也要参与意见，与预算和计划部进行协商，但主要工作是预算执行和监督。

2. 相关机构

第一，巴西中央银行。巴西银行联邦是财政资金支付的代理行，负责具体经办各预算单位支出资金的划拨及与国库单一账户之间的资金清算，并负责监督和跟踪调查国库支出资金的使用及效益。

第二，财政控制委员会。财政控制委员会（The Fiscal Control Commission，CCF）始建于1998年，由来自巴西财政部和巴西计划预算部的高级官员组成，是两部门的上级协调机制。CCF主要负责预算推进和预算目标达成。

第三，财政管理委员会。财政管理委员会（The Fiscal Mnagement Council）由执法委员会、议会、司法部三部门组成，联邦政府及地方政府也相应建立外设机构，旨在协调整体财政政策，提供政策建议。

（五）时间和流程

巴西联邦政府编制中期预算的时间与年度预算编制进度基本相同，采用自下而上的编制程序（见图7-2）。法律规定，总统必须在就任的第二年提出4年预算计划（PPA；总统任期是四年）。该计划包括未来4年的经济展望，财政收入、支出政策和预计，以及重点的支出项目。4年预算是和总统任期的执政目标紧密结合在一起的，既可以使公众了解总统未来几年采取的重大举措，也是以后制定年度预算的依据。在年度预算提交前，即每年的4月15日前总统要向国会提交一个《预算指令法案》（LDO）。预算指令法案要对年度预算目标、优先发展方向等预算基本内容和主要项目作出安排。预算指令法案在6月底前获得通过后，政府根据这一法案编制《年度预算》（LOA）。年度预算草案包括一般财政预算、社会保障预算、联邦国有企业投资预算等几大块，有财政目标、收入估算、支出安排三个基本部分。年度预算包括行政机构项目、初始预算、最终预算和执行预算四个阶段。按部门编制，收入和支出预算都非常详细，支出预算要具体到每个项目的支出金额。年度预算草案在上一年的8月31日前提交国会，年底前获得通过。多年期预算的编制可以使总统从整个任期通盘考虑财政安排，有助于财政政策的连贯性和跨年度项目的统筹安排。

（六）编制方法

在预算编制过程中，MOP和MOF采用了先进的编制技术，先后经历了预算

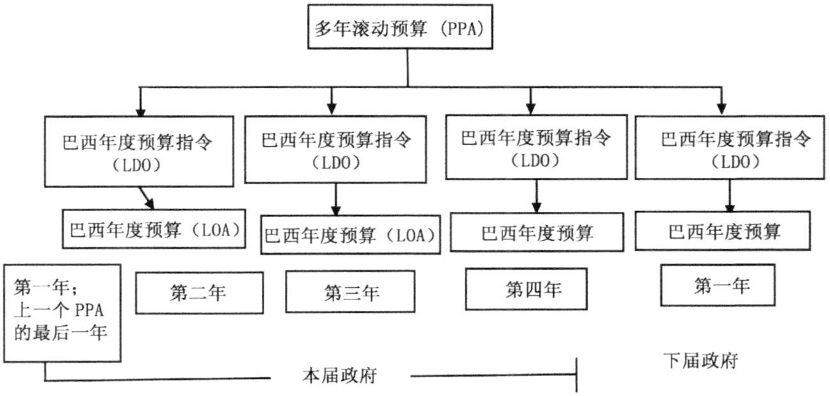

图 7－2 巴西中期预算编制过程

资料来源：根据 PPA 执行计划绘制。

规划、计划项目预算和项目预算等，对部门及项目支出的需求以及政府收入的预计比较具体、充分、准确，预算编制比较科学。就编制方法而言，MOP 和 MOF 采用基准预测法（Baseline Projection），即在预算期内除总统批准外社会经济政策、立法保持不变的情况下，预测未来 4 年中央政府财政收支变动情况。预算弹性较大。在预算执行中，预算变化在 15% 以下，由各部部长自主决定；变化为 15%—20%，需报总统批准；变化在 25% 以上，需报国会批准。

二、主要内容

（一）中期预算文本的演化

按照法律规定，中期预算报告主要围绕国家战略目标、优先项目清单和预算收支和赤字等展开，以及一些影响长期预算的宏观经济基础、政府变革等重点因素和预算支出重点领域。

1991 年第 1 份四年期预算计划（PPA1991－1995，Lei n° 8.173，de 30 de janeiro de 1991）包括两部分。第一部分规划依据的法律条款及调整原则等（第 8173 号法案），第二部分预算规划细节，由四部分组成：一是一般准则和战略目标。包括宏观经济基础、行政改革、工业现代化和对外开放、农业政策、社会政策、环境政策、区域发展政策等。二是指导原则和部门目标。包括立法权、司法权和总统指令等。三是优先项目清单。四是财政支出框架。后续的四年期财政规划基本延续了这个结构并有所扩展。

1996 年的四年期预算计划（PPA1996 - 1999）包括两部分，分别是预算规划的法律条款（第 9276 号法案）和调整原则、战略目标、指导原则、优先项目清单和财政支出框架。

2000 年四年期预算计划（PPA2000 - 2003）包括四部分，分别是预算法条、公共管理计划、终极项目和公共服务项目。第一部分论述了 4 年期财政规划的法律依据和指导原则（第 9989 号法案）。第二部分为公共管理计划，包括战略资源配置、全国金融系统开发等。第三部分为终极项目，包括电力供应、燃油和军事飞机营运等。第四部分则是政府公共服务项目。

2004 年的四年期财政规划（PPA2004 - 2007）包括六部分，分别是预算编制的法律条款和指导原则（第 10933 号法案），政府的战略定位、政府项目、机构项目、社会公益和非预算措施。本期规划的战略目标更加强调对弱势群体的转移支付政策，提倡通过提高最低工资水平和扩大公共服务领域，增加就业等方式，促使社会发展的良性循环。

2008 年四年期预算计划（PPA2008 - 2011）首次加入总统批准及否决意见。同时，预算编制相关法律变动，改期规划作了相应更新。初次预算包括五部分：预算编制的法律条款（第 11653 号，2008 年 4 月 7 日）、政府项目—终极、政府项目—特定区域公共政策、机构项目、非预算措施。更新后的预算规划包括六部分：总统批准议案、否决议案、预算编制法律条款、政府计划—终极、政府项目——特定区域公共政策、机构项目。本期规划的焦点是扩大国内公共产品和服务的市场需求，即通过加大教育等经济社会发展的基础设施投资等。

2012 年四年期预算计划（PPA2012 - 2015）包括 7 个文本，本次中期财政规划首次公布了以每一年不变价为基准测算的未来 4 年财政状况。第一文本包括 8 个部分，即总统批准议案、介绍、战略层面、政策规划模型、社会政策、基础设施政策、生产环境和发展政策、特殊政策。第二个文本包括 7 个部分，即专题方案（2015 年更新）、管理程序、个别企业、修订法案、法律回顾、2012 年 12 月 19 日第 7866 条法案、2013 年 1 月 31 日油气资源勘探条例 16。第三文本包括 4 个部分，即专题项目、管理程序、个性化程序、横向议程。第四到第七个文本分别以某一年份为基期，分别预测未来年份的财政规划。

（二）联邦中期预算计划（2016 年）的主要内容

PPA2016－2019 维持了 PPA2012－2015 的基本结构，并结合预算实践中发现的问题作了部分修正（见图 7－3）。比如，调整了战略定位和专项方案，促使政府整体战略目标与所列专题方案目标的衔接。PPA2016－2019 正文包括五章，其中第一章整体情况介绍，第二章简介，第三章战略层面，第四章 PPA，第五章战术层面。具体情况如下。

PPA2004-2007	PPA2008-2011	PPA2012-2015
1）包容性社会； 2）调整最低工资水平； 3）加强市场建设； 4）强化民主； 5）促进基础设施投资。	1）拓宽基础设施投资渠道； 2）保证教育质量； 3）扩展社会议程； 4）美好家庭计划。	1）消除贫困； 2）维护和扩展基础设施建设投资； 3）促进就业和收入协同增长； 4）科技投资无国界。

图 7－3 2004—2015 年预算计划（PPA）战略层面的变动图

1. 未来 4 年中期预算情况

PPA2016－2019 旨在巩固十年以上的国家发展项目，调整收入分配，实施社会经济包容性增长（见表 7－1）。新四年期预算计划在以下方面作了创新：一是完善联邦政府规划的方法。促进国家采用包容性增长战略，通过调整收入分配方式，消减贫困，增加就业水平。二是增加基础设施投资，提供更优质的公共服务，提升经济整体竞争力。三是促进公众广泛参与财政预算管理，提高预算的透明度。四是构建与社会需求相近的公共政策。以 2015 年为基期，2016 年巴西名义 GDP 为 62530 亿雷亚尔，同比增长 0.2%，到 2019 年名义 GDP 增加到 77410 亿雷亚尔，同比增长 2.50%。最低工资水平由 2016 年的 86546 雷亚尔增加到 2019 年的 102083 雷亚尔。基准利率从 2016 年的 12.0% 下降到 2019 年的 10.0%。

表 7-1 预算计划（PPA）2016—2019：财政支出框架（占 GDP 的比例） 单位：%

	2016 年	2017 年	2018 年	2019 年
非金融公共部门基本盈余	-0.34	1.30	2.00	2.00
中央财政基本盈余	-0.49	1.10	1.65	1.65
净综合公共部门债务	39.0	40.2	40.1	39.9
总政府债务	68.4	68.8	68.2	67.3
合计	-5.86	-3.54	-2.60	-2.58

资料来源：Ministérios da Fazenda e do Planejamento, orçamento e Gestão para o resultado primário.

2. 战略层面

PPA 的战略层面主要反映联邦政府在 4 年期预算计划中公共政策的执行情况。具体包括未来愿景、宏观经济情景、项目结构的战略重点和指导原则，用以弥补 PPA 战术层面的专题方案。未来十年经济增长的两大动力源：一是通过社会保障和包容性政策等促进生产和消费的大规模扩张；二是促进公共投资和私人投资在社会基础设施领域的协同。就宏观经济情况而言，在过去 10 年巴西经历激烈的改革和包容性整合。2004-2014 年间，国内生产总值年均增长率维持在既定范围内，贫困和不平等逐渐减少。期间，公共投资计划、税收政策和私人部门信贷等政策的表动，将会影响宏观经济增长政策。

3. PPA 各分项规划

在战略方针下，PPA2016-2019 各个预算项目的资源配置方案，共三项。资源配置方案如下：一是资源类型配置支出项目；二是按照资金来源配置；三是社会公共安全、基础设施建设和自然资源、生产环境发展等专项资金领域。整体而言，巴西联邦政府 84% 的资源用于强制性的公共政策和专项政策，其余 14% 用于国家管理、维护和公共服务等管理成本。从资金来源划分，支出项目资金分为预算资金和预算外资金，其中财政预算、社会保障预算和国有企业预算投资等为预算内资金，占总预算支出的 66%；贷款和其他支出为预算外资金，占总预算支出的 34%。在 2016—2019 年预算期内，公共安全支出 37660 亿雷亚尔、基础设施建设 14350 亿雷亚尔、自然资源专项支出 13670 亿雷亚尔和环境支出 3300 亿雷亚尔，占比分别为 55%、21%、20% 和 5%。

4. 战术层面：社会公共安全专题项目

巴西中期规划中涉及社会公共安全的专题项目共20项，包括社会救助体系、文化发展、公民教育、体育发展、卫生系统、社会保障等。

三、简要评述

巴西联邦政府所实施的中期预算的制度模式是介于前文提到的第二种和第三种之间的一种模式[①]，即中期预算是年度预算文件的组成部分，是正式的文本，但法律效力不强。

（一）对年度预算的影响和约束

根据巴西宪法，PPA旨在引导公共管理部门获得预期的目标，促使当期发展战略和未来战略的平衡。PPA必须在第一年最后一个月之前由议会分析、修订并批准，有效期至下一届当选政府执政的第一年末。如上文所述，PPA的编制不完全符合中期预算框架的规定，一定程度上PPA不能归类为中期预算框架（MTEF，见表7－2）。虽然PPA与各支出机构制定的其他规划工具共存，但是这些工具之间的联系并不明确。随着年度预算的批准，多年期预算计划年年得以评估修订，两者建在一年内均可能发生变动。在预算执行期间，执行者可以在一定上限（除非有额外收入）下作出变动，超过上限必须得到立法机构批准。在PPA中，政府的战略目标和资源配置目标未必会反映在年度预算中，PPA并非完全服从于年度规划，作为一种法律文书，其对年度预算LOA的约束力较差实际上对年度预算编制过程的影响十分有限。实际运行中的年度预算法要与PPA和LDO一致，但是PPA服从于《预算指导法》（LDO），收入预测也可能会增加（见表7－3）。因此，当PPA强调财政绩效时，实际绩效指标可能会很低。这或许是预算改革最薄弱的环节。年度预算（LOA）仍然缺乏可信度，因为要跨年度传承，政府战略性优选方案也很薄弱[②]。

---

① 第二种模式中期预算与年度预算并行，为正式的预算文本。从法律效力来看，法律效力法律约束力较差，只是预算内揭示的收支规划。第三种模式则要求上述预算文件均经国会审议，待国会通过后，未来几年的计划预算也将确定，因而具有法定约束力。

② WORLD BANK. Beyond the Annual Budget. 2013.

表 7-2　　　　巴西中期预算实施情况

问　题	细节
实施	没有正式的 MTEF，但 MTFF 等价物已于 2001 年实施。
基本特征	《预算指令》（LDO）对 MTFF 有效。多年度计划（PPA）是一个反映政府战略优先次序并限制年度预算法则的四年期计划，在实践中不具有约束力，且受年度变动影响。中央以下政府的 LDO 和 PPA 均存在。
宏观财政框架	《预算指令》（LDO）是一个综合的有关收入、支出与财政平衡的三年期滚动框架。短期预测相当精确，但中期预测准确度稍差。LDO 还明确免于消减预算的重点支出。
战略目标	《预算指令》（LDO）和多年度计划（PPA）意味：1）将中期财政约束和政府战略优先次序引入预算过程；2）提高透明度和问责；3）增强财政控制。第三点成效显著，第二点成效尚可。然而，PPA 的政府战略目标和资源配置目标不一定必须反映在年度预算中，因为 PPA 受年度变动的影响，（至少第一年之后）在实践中对预算编制过程的影响有限。
与预算的联系	年度预算法则要求与多年度计划（PPA）和《预算指令》（LDO）一致。实践中，LDO 编制时，PPA 受变动影响，而 LDO 的收入估计数也会更新。
参与者和获得的支持	规划和预算部监督多年度计划（PPA），并与财政部、总统共同负责《预算指令》（LDO）。
机构能力	巴西公共服务总体能力很强，但仍受益于改善的机构间协调以及待定的 MTEF 相关训练。
对绩效的关注	多年度计划（PPA）强调绩效，但实际绩效指标质量仍很低，整体监督和评估框架较弱，资金筹集未与结果挂钩。这可能是预算改革最糟糕的一面。
预算编制质量	支出控制显著增强，特别是《预算指令》（LDO）和《财政责任法》之间的密切关系。年度预算仍缺乏可信度，因为年度间的结转很多，与政府战略有限次序的联系也很弱。

资料来源：超年度预算——中期支出框架。

表 7-3 预算计划（PPA）、预算指令法案（LDO）和年度预算（LOA）的时间规划

政府	X	Y				Z				W
执行年限	T4	T1	T2	T3	T4	T1	T2	T3	T4	T1
PPA——在精细化阶段的责任	PPA_ 政府 X		PPA_ 政府 Y			PPA_ 政府 Z				
	LDO	LDO	LDO	LDO	LDO	LDO	LDO	LDO	LDO	LDO
	LOA	LOA	LOA	LOA	LOA	LOA	LOA	LOA	LOA	LOA

注：新宪法引入了新预算模式。在技术上，新预算模式更接近于规划路线。

（二）对支出赤字债务的控制力

在巴西，公共部门债务率的研究和控制至关重要。联邦政府四年期预算计划严格遵循财政责任法的相关规定。《财政责任法》是一部强化财政纪律、防控债务风险的重要法律。在支出控制方面，它为各州及其政府分支确定了非常刚性、细化的支出上限。州人事支出不得超过当前净收入的 60%，每个分支的人事支出上限是立法 3%、司法 6%、行政 49%、检察办公室 2%（第 19、20 条）。在债务控制方面，它规定各州预期的借款收入不得超出年度预算法案草案的资本支出，其中州政府为 200%，市政府为 120%（第 12 条）。在财政透明化管理方面，各州政府需在每两个月结束的 30 日内公布预算执行报告综述，包括预算平衡表和收支执行情况表；在每四个月期结束时，各分支机构负责人必须公共财政管理报告。

（三）以绩效为导向的项目安排

巴西政府在跨年度国家规划过程中已建立了一套完善的绩效评价指标体系，通过陈述项目目标和绩效指标强调绩效。跨年度国家规划覆盖了联邦政府的全部支出项目，65 项中的每一项都对应着一定的高级绩效指标、具体目标和产出目标。按照 PPA 预期目标，项目经理通过在线系统（An Online System，SIOP）报告项目进程。绩效评价结果会呈现在年跨年度国家规划的年度进程报告中，并最终递交给总统和国会。

（四）中期预算编制存在的问题及未来改革方向

1. 存在的问题

《财政责任法》及其导致的《预算指令》变动，对政府支出的控制似乎很强。与此同时，多年度计划（PPA）实施不能确保政府战略重点反映在年度预算法的编制（除批准年份以外）或预算执行之中。此外，绩效指标通常定义不充分，且并未告知预算配置决策。近期，中央以下政府引进创新项目以改善战略规划进程，将之与 PPA 结合，并将之转化为政府支出有限次序确定的工具。多年度计划（PPA）和年度预算的可信度大打折扣，因为它们易于修订，如《预算引导法》情形中就是如此。此外，大量的结转导致年内预算执行灵活度增强，可以执行当年支出计划或前些年结转的支出计划。尽管如此，总支出控制仍然有效，巴西的财政关系系统一直得到高度重视①，在近期的 PEFA 报告中得分很高。

2. 改进建议

以下制度改革有助于强化巴西预算体制，具体如下：一是国会的宪法权利增加了收入预期，在财政责任法下的总统权限，可发布总统令缩减预算支出，会导致预算程序无效且浪费时间。在特定的经济转型期，这些权利抗衡可能需要重新定义，以确定财政纪律和有效地分配决策。二是巴西政府应该引入滚动中期预算框架。三是增加预算制度的灵活性，政府应该坚定地缩减定向支出和法定支出的比重。四是预算应该承担更多的战略重点，通过减少细化到预算报告中的会计科目和战略性支出，方案和绩效信息。这有助于为预算决策提供战略指导。五是如果国会不能接受执行委员的收入评估，它可以请求第三方独立机构提供预算，以确保预算结果的客观性。六是国会联合委员会，有权在宪法范围内指导预算过程，应该以初期盈余目标为基础就总支出的固定上限投票，进而打破部门或行业的限制。政府应该对 PPA 中的所有项目都进行年度评估，而不是只聚焦在关键项目的评估上。另外，要引入支出审查制度，其中包括法定支出。七是项目信息及评估结果的应用应该系统地纳入到预算决策过程中。

---

① ROSC，2001。

第八章 澳大利亚

在澳大利亚的预算改革中，中期预算被认为是最具有重要意义和最为成功的预算改革。作为预算中不可分割的一个部分，中期预算是整个预算的核心，澳大利亚的预算程序就是围绕着中期预算展开的。

一、基本情况

（一）中期预算的背景和目标

1. 背景

第二次世界大战后，澳大利亚长期奉行凯恩斯主义，实行扩张的经济政策，通过增加财政支出来加大消费和就业，刺激经济发展。但进入繁荣期后，却面临政府预算膨胀、债务居高不下的局面。

中期预算在澳大利亚逐步形成于20世纪70—80年代。早期的预算改革始于20世纪80年代初期，从此澳大利亚开始了系统的财政改革。在开始着手于财政综合配套改革之时所遇到的一个关键问题，就是对财政运行中的资源与所实行的政策、方案之间的关联把握不足。当时的澳大利亚政府面临着居高不下的财政支出和由此而产生的高税赋难题，于是降低政府开支和减少税收负担就成为了政府的中期政策目标。随后而至的经济危机又使人们质疑当时政府政策的承受能力。针对上述问题和关切，政府开始关注财政的可持续性，其管理方式也发生了转变；预算周期开始从年度预算管理转向中期预算管理。预期估算的财政预算体系于是应运而生，并且在资源配置和资源使用方面都占据了中心位置，在决策制定上承担了重要的辅助作用，这就是中期预算。

澳大利亚政府于1983—1984年度首次公布了未来三个财政年度的预算估计数，并要求各部门在此基础上重新按照项目结构编制本部门的预算，并上报新的预算提案和今后年度的预算估计数；同时财政部对各部门的资金需求进行测算，并就具体的预算支出额与支出各方进行谈判，一旦达成协议，就成为财政部与各支出执行部门资金安排的基础。澳大利亚联邦政府于1998年开始编制中期预算，即包括当年和其后3个财年在内的4个财年预算。

2. 目标

中期预算编制的目标是从制度上控制政府的支出膨胀。中期预算是三年期滚动预算，其严格可靠的预测程序能够有效地遏制各政府部门的支出扩张冲动。中期预算使得预算过程更加合理化，为政府各部门提供了在未来年份必须遵守的预算限额；同时，通过对自上而下确定的资金总量和自下而上确定的支出项目的统筹，确保资源和项目的有效配置，更好地实现联邦的财政策略目标。

根据澳大利亚预算法，政府应保持经常性预算的基本平衡。通过中期预算框架，还可以实现以下三个补充目标：一是尽量保持财政结余以弥补赤字年份的不足；二是控制政府债务水平；三是不断改善中长期国民净资产的质量。

（二）中期预算编制的依据

澳大利亚1998年的《预算诚信宪章1998》（*Charter of Budget Honesty Act 1998*）使中期预算的编制合法化和制度化，对中期预算的财政目标和原则、机构及其职责、程序和方法等均作出了明确规定。该宪章要求政府的中期财政政策每年都要进行调整和更新，并且将之作为政府预算的文件之一①。宪章的规定可以分为两个部分：一是设置财政目标的制度，二是分层的财政报告制度。这两个制度用以监督政府的财政行为与其所设定的财政目标的一致性。该宪章还要求财政政策和预算必须透明，并确保以后的政府必须遵守此法。

---

① < Multi - Year Budgeting：A Review of International Practices and Lessons for Developing and Transitional Economies >，L. F. Jameson Boex，Jorge Martinez - Vazquez and Robert M. McNab。

依据宪章，财政目标的设定是一个包含“有效的财政管理原则”和年度“财政战略报告”的“两步走”的政府程序。“有效的财政管理原则”也是制定中期预算框架的基本原则，它要求政府：

1. 联邦政府在处理财政危机时须遵循谨慎原则，包括将联邦政府债务维持在谨慎的水平上。

2. 确保财政政策有助于实现足够的国民储蓄和减少经济波动，同时要考虑到经济危机因素及其影响。

3. 力求支出和税收政策与税负的稳定性和可预见性相一致。

4. 维持税收制度的完整性。

5. 确保财政决策考虑到对今后的影响。

上述原则通过年度“财政战略报告”体现为当年的政府政策目标，财政目标需要建立在“谨慎”和“合理”的基础之上。年度财政战略报告是预算文件的一个组成部分，对年度“财政战略报告”的特别要求如下：

1. 将短期的财政政策放在政府的长期目标框架中。

2. 详细说明预算年度和随后三个财年的政府财政目标、预期结果，以及所采取的主要财政措施。

3. 说明上述财政目标和战略重点如何通过健全的财务管理原则得到有效的执行。

4. 详细说明政府所采取的财政政策是为了调节经济周期波动所采取的临时措施，并指出经济调节的全过程。

此外，在预算不符合规定的情况下，在宪章方面并没有规定法律上的惩罚和法庭的审判，而是通过预算过程中强制性地产生一套全面的报告和报表制度，来监控政府对上述财政目标的执行情况，通过“公众舆论法庭”对当届政府的财政管理作出判断。这些预算报告包括财政发展战略、常规财政报告系列，有经济和财政展望和预算、年中财政经济展望以及财政决算、以及一个每5年一次的代际报告。具体如下：

1. “经济和财政展望报告（EFO）”，随预算一起发布。

2. “年中经济和财政展望报告（MYEFO）”，在预算之后的6个月左右发布。

3. “最终预算结果报告（FBOR）”，在各该财年结束后的3个月发布。

此外，在竞选年度，《预算诚信宪章》要求在不晚于竞选正式开始之后的10天之内发布一个“预先选择经济和财政展望（PEFO）”，以提供财政和经济方面的最新信息，防止政府在选举期间隐瞒任何政府财政的不利消息。该报告包括一个对当前财政年度和随后三个财年内所有重要的经济和财政变量的预测，以及一个自从上一个“经济和财政展望”报告以来所采取的所有的收入和支出措施的清单；另外还要发布一个“代际报告”，目的是用以评估当前政府政策的长期性和可持续性，“代际报告”必须每五年发布一次。

需要指出的是，与澳大利亚上述“以原则为基础”的做法不同，许多经合组织国家（OECD）的做法是“以规则为基础”，它们把财政目标明确地写入法律文件。澳大利亚的选择主要是考虑到规则的刚性，以及很难把握对将来的预期。澳大利亚的做法使政府的行为处在一个高度透明和有严格纪律的约束之下，保持其政策的灵活性。

（三）中期预算的编制机构及其职能

预算在组织结构上分为三个部分，即作用强大的内阁委员会制度、三个不同的中央机构的重要参与，以及作为预算对象的各个支出部门（部委），它们在预算编制中的作用是很有限的。

1. 内阁委员会。它由三部分组成：一是以前的高级部长复审委员会（SMR），由总理、副总理、国库部长和财政部长组成，后被一个正式的内阁委员会——战略预算委员会（SBC）所取代，其作用是为预算财年确立财政策略和政策优先顺序。

二是支出审查委员会（ERC），它也是内阁的一个长期机制，作用是聚焦于控制支出和财务责任。与战略预算委员会相比，支出审查委员会在更具有可操作性的基础上工作。它由7位成员组成：总理，国库部长，财政部长，助理国库部长，副总理，贸易部长，以及家庭、住房、社区服务和国内事务部长。这个组合也可能会在不同的财年而有所变化。

第三个部分是特设收入委员会，其组成和作用在各个执政政府时期有所不同，在联合政府时期，一度由总理、副总理、国库部长和副部长，以及财政部长组成。由于长期以来在内阁关于预算的讨论中是将支出和收入分开进行的，所以税收措施曾经一并由支出审查委员会进行处理。

2. 中央机构，即三个核心机构，包括财政部、国库部以及总理办公室和内阁。

财政部和国库部原本是一个部门，于1976年正式分开，成为两个独立的政府部门。如前所述，国库部的职能是致力于宏观经济和税收方面，而财政部则专注于预算中的支出方面，其组织结构和职能如同中央预算办公室。财政部协调预算支出，并监督预算会计和财务结构。其职能还包括分析政府预算支出，并为支出的重新分配和如何减少支出作出选择，还为内阁支出审查委员会（ERC）提供实质性审议意见。

国库部则专注于经济和税收方面，但也涉及支出方面。如同一个预算办公室一样，国库部的预算政策组即根据各个政府部门而设立，提供着眼于政府支出方面的“战略结构重点”，根据支出的加减走向和必要的结构调整提高经济表现，被称为政府支出的“智囊团”。国库部还直接负责联邦与各州和领地的财政关系。在澳大利亚，政府间财政关系是一个重要而敏感的问题。

总理办公室和内阁（PM&C）的角色是支持总理作为政府首脑，并管理预算的政府决策方面的大量程序性工作。作为相当于“战略预算委员会（SBC）”和“支出审查委员会（ERC）”的秘书处，其关键性作用就是制定预算的战略议程。其结构就是一个预算办公室的结构——它的各个主管官员对应政府各部而设，其任务就是为总理就支出和收入从政府全盘的角度，分别从经济和财政策略以及政府各个部门的政策目标的角度通盘考虑，提出咨询建议。

上述三个方面的关系是复杂的，总体来说它们之间协调合作相得益彰，在预算过程中每一个部门都有着自己独特的领域：一般支出审核，结构调整政策，宏观政策概览等；它们各自的定义和职责清晰，特别是国库部和财政部，都有各自明确的职责范围；此外在时间和财力成本分配方面三部门间也达到了平衡。

3. 支出各方（政府各部门）。在预算过程中，各个支出部门的有限性是十分明显的。所有预算都围绕现有的政府各部展开，分别由一位内阁的部长牵头，部长负责所在部的所有部门。澳大利亚大约有政府部门17个左右（2008年）。单个部委可能很大，并且下属很多形形色色的部门和机构，由部长全权负责。

在预算中，政府各部只是一些松散相关的单位，所有报告都直接相关于各自的部长。一般说来，每个部长对整体都没有什么协调能力，只有财政部能够直接关系到每一个部门。财政部通常特别关注那些较为重要的部门，这些部门占支出总量的 99% 以上。

在中期预算的全部过程中，每个部门就如同一个“自动驾驶”的自给系统一样，在资源的再分配方面有很宽的自由裁量权，只是在它们要求增加拨款时会与其上级部委及预算支出和审查委员会等在预算程序上有相互作用。

（四）中期预算的编制程序

中期预算（MTEF）是澳大利亚预算的一个显著特点，它构成了年度预算的基础，是一个多年滚动的预算体系。1998 年以来，澳大利亚的年度预算置于一个三年滚动的中期预算框架之内，估算内容包括了联邦政府的每一项计划和项目，以及总量和部门支出情况。与预测不同，估算更具约束力，是对各项未来支出作出的当前决定，并以预算的形式确定下来。

澳大利亚中期预算的具体编制程序有五个步骤：

第一，国库部与财政部分别预测经济运行情况，对未来三年的财政收支总量及其结构作出预估。根据分工，财政部负责对中期预算的支出部分和非税收入进行估算；国库部负责对中期预算的税收收入进行估算。在支出方面，先由独立的机构对于新政策和新举措所引起的成本进行初始计算，再由财政部进行验证核算以确保这些数据的合理性和准确性；并与这些独立机构一起，对由于将来情况变化（政策、技术、价格等等因素）可能引起的成本计算方法进行更新。财政部在此方面有最后的决定权。

第二，由高级部长会议制定预算的战略议程，确立中期发展战略。根据中长期经济和财政策略以及各个支出部门的政策目标进行通盘分析和判断，确定政府支出的重点和优先顺序。

第三，支出审查委员会的审查。对财政部与各支出部门协商后上报的部门预算和收支建议进行审查，确定部门的支出预算限额。

第四，预算内阁对上述支出审查委员会的预算决定进行充分讨论并审批预算。国家安全委员会的财政预算例外，由其自身决定。

第五，财政部和国库部编报预算文件，连同各部门的预算报表一并上报国会，经众、参两院审查通过后形成预算法案。

澳大利亚预算的“预算编制日历”如下：九月，向内阁提交预算；十月，总理向各部部长就新的举措征求意见；十一月，战略预算委员会（SBC）审议；

一至二月，新政策建议的成本计算；三月，支出审查委员会审议；四月，预算内阁审议；五月，获得“通行证”（Hunting licence）；提交议会。具体如下：

首先，由国库部长和财政部长向内阁提交预算，内阁审议预算，财政部发出一个预算的详细时间表和操作规则。在此期间各种游说团体和社区组织发信给各自有关的部长，争取改善本地的社会福利状况。

十月下旬，各部部长将各自的预算建议提交给总理。提议首先由三个中央机构审议，即所谓的“三边会审”；再提交给“战略预算委员会（SBC）”。上述建议将在“战略预算委员会（SBC）”获得批准并发回给部长；并发给“支出审查委员会（ERC）”。部长们可以就被否决的提议再提出新的修正议案提交给“支出审查委员会（ERC）”审议。

各部部长随之起草各自的“本部预算意见”文件。这些文件必须包含经过财政部同意的每项提议的成本计算。这个阶段是1—2 月。

财政部随之就提议准备出所谓的“绿色简报”，概述每一项提议并附以财政部的观点。各部可以看到各自提议的情况以便准备各自的提案。各部部长可以到财政部长那里去进行游说。需要说明的是，“绿色简报”的概述并不是财政部长的观点，财政部长也有与“绿色简报”意见不同的时候。

三月，支出审查委员会（ERC）开会决定新的提议。在接下来的四周里一般有 10 个会议。国库部和财政部在既定政策下提出年度“财政展望”以供讨论；财政部提出对绿色简报的概述和其中每一项的节俭建议，为 ERC 的讨论和随后的决策提供出一个框架。财政部承担了部分 ERC 秘书处的职责。财政部、国库部、总理办公室以及内阁部门的有关人员都参与 ERC 的工作，并将最终决策上呈总理。

全体“预算内阁”成员在四月讨论支出审查委员会（ERC）的决定，国家安全委员会的财政预算并不在此讨论范围之内，而是由其自身决定。

“通行证”是赋予高级部长们用以解决预算中的问题并严格控制支出的，如 2007/2008 年预算中的“通行证”涉及重大减税、税收支出和其他的大项支出项目，显示了当期预算的亮点和信心。

从四月份起，各部和机构即开始准备相关的预算文件，财政部和国库部编制预算文件，而各个部门分别准备各自的预算报表。传统上，在五月的第二个周二，即所谓的“预算案之夜”，财政预算被同时提交给议会两院。

国会的预算审批时间表如下：五月的第二个周二，即“预算之夜”，国库部长介绍预算草案；五月中旬至六月中旬，众议院全体会议讨论预算草案，参议院委员会审查预算草案；六月底，批准预算；总督代表女王签署同意。具体审批日程如下：

预算于五月第二个周二的“预算之夜”由国库部长提出，列举预算重点和政府的政策优先次序，并得到媒体的大量报道。在随后的两天里，反对党领袖对此作出正式反应，对预算的讨论将持续一周时间。然后，在众议院召开全体大会开始针对预算案进行为期一周的政治和经济大辩论。辩论之后开始投票批准这个二审预算，原则上是法律上的批准。然后预算被送到众议院的全体大会作最终批准，同时还有参议院委员会关于预算仔细审查的报告，但众议院并不认真考虑参议院的报告。下一步是将预算提交到参议院。根据宪法，程序上的最后环节是总督对预算的意见，同意或不同意。一般来说，预算案在参众两院获得通过即为最终的通过。

二、主要内容

（一）编制方法

中期预算使用权责发生制和结果及产出框架的编制方法。具体编制如下：

第一，澳大利亚的中期财政预算编制采用滚动的基线预测的方法，对下一个财年预算往后三年的收入和支出做出预算，其内容包括所有的财政收入和支出。预算通过之后，中期预算的第一年便成为下一个预算年度的基础，而在其远端又加入一个新的财年，以此类推。

事实上，在年度支出中有80%是由“特别的”（永久性的，即经常性支出）规定授权的，只有20%的支出由年度预算批准执行。中期预算中由于包含了这两种不同类型的支出，所以显得尤其重要。通过对收入和支出的这种持续滚动的成本考量，中期预算实现了对“特别”（永久性）拨款的预测审查和监督作用。

中期预算表述了政府对未来支出所作的一种暂时决定。在未来年份可适用的政策决定缺位，或对其他经济变量，例如策略、价格、各类指数等的调控缺位的情况下，中期框架中未来年度的支出预算就表现为对各该相应年份的估算或预测。同样，中期预算记录了预算年份的各个预算项目，但并不包括将来各个年度对即有预算项目的调整量或修正，不包括因将来政府的政策调整所引起的任何变化。因此，澳大利亚预算体系，即中期预算的目的是确保预算增量决策的战略性，而不是试图去克服预算的渐进型增长。

1987/1988 财年的预算是澳大利亚第一个真正以上一个财年为基础的中期预算。财政部长当时就指出，它为预算的审议提供了一个一贯和连续的基础，最大限度地减少了整个预算年度期间无益的争议，中期预算程序改进了预算中的支出控制，很大程度上提高了政府在预算中集中考虑实质性问题的能力。

第二，中期预算的编制程度和细节等同于年度预算。在中期预算中，对每一年的预算都包含了其当期的数字以及它在上一个财年的预算数之间的对账，并对其差额根据政府政策的变化（例如新项目的增加和既存项目的扩张）、非经济参数的变化（例如人们从某一项目中获得好处，如养老金）、对宏观经济参数和其他变量的调整等进行解释和分类。其中有些预算项目是受到宏观经济和非经济因素双重影响的。

第三，中期预算每年发布两次：预算本身和年中财政经济展望。此外还有一个更为细致和不公开的预算更新版本在“支出审查委员会（ERC）”的程序开始之前供部长们参阅。

对中期预算的管理和关注贯穿于全年，以此来确保所有新的政策决定，以及对支出有潜在影响的任何变化都可以随时加入到预算的考虑之中去，进而保证在预算期内预算内容的新鲜和准确。

第四，在部门分工上，财政部负责中期预算的支出和非税收收入部分，国库部负责其税收收入部分。在支出方面，当某一单位或部门就某个项目进行初始成本计算时，财政部的角色是对这些成本的精确性和合理性进行确认，以确保预算的准确性；必要时，财政部还将与这个单位或部门一起，对这个项目的成本核定方法进行更新。例如，一个预算项目在近期或近几年的时间里可能会被不同的方法重复测试和审查，所以实际上它的成本低于预计成本。总之，对成本的计算和确认最终由财政部决定。

（二）期限和会计方法

中期预算的期限是固定的，一般是滚动进行，不计当年，向后滚动 3 年。各项支出的核定和确认由财政部进行，同时使用权责发生制和现金收付制两种方法进行编制。值得注意的是，在澳大利亚的投入和产出框架下的中期预算，不包含任何执行和结果的信息。

早在1999/2000财年，中期预算就开始使用权责发生制的编制方法。这种方法不仅仅显示各项支出的直接现金成本，更重要的是它还显示了各项支出的全部成本，从而为与私有部门进行比较和标价提供了条件；与此同时，一并开始使用的还有结果和产出框架编制方法。这两者的组合是为了取代当时预算编制中的官僚主义控制。只有在将公共服务置于公开竞争之下的时候，它的价格才是安全可信的，此时政府部门的报价才能够反映其市场价值。如前所述，预算的编制由财政部官方进行。

权责发生制的预算很大程度上改进了政府资产和负债的管理，使政府的资产负债表更加完善。关于结果和产出框架的使用，在于它关注的是预算的结果而非所使用的手段。在这个框架下，各政府部门必须明确确定其各个预算目标，并由此构成上报国会审批的财政拨款支出各项，进而由此产生作为预算附件的各个“政府部门预算报告”。结果和产出框架对于决策来说很有意义，但同时也是一个挑战。这对其他许多在预算编制过程中转而使用一个结果导向框架的国家来说都是如此。

（三）内容

中期预算由一系列的预算文件组成。预算中的一号文件是战略层面的主要文件，从战略高度对国家经济做出评价和展望。每年预算文件是在国库部长作年度预算演讲时发布的，同时推出的还有拨款法案和政府各部的预算报表。从历史上来看这些文件随着时间的变化而有所不同。例如关于2008/2009财年的预算文件，当时的国库部长和财政部长提供了如下文件：

1. 战略和展望，包含经济和财政展望的信息，政府的资产负债表和风险分析，以及财政政策提要报告（预算文件1号）。

2. 预算方法，提供一个预算中新的支出、收入、和资金投入举措的综合报告（预算文件2号）。

3. 联邦财政关系，提供关于联邦政府与州政府、领区政府以及各个地方政府财政关系的信息资料（预算文件3号）。

4. 部门资源，包含政府各部门的资金来源，包括通过年度拨款和特别（永久性）拨款所获得的全部拨款（预算文件4号）。

2015/2016财年的中期预算文件除上述全部内容外，还有长达163页的拨款法案1（2015/2016）、2（2015/2016）、5（2014/2015）、6（2014/2015）号，国会的拨款法案1号，以及与这些拨款法案相对应的解释备忘录。

三、简要评述

澳大利亚具有强大的现代预算制度。在中期预算方面，澳大利亚是这个领域的先驱，其实践结果也是十分积极的。中期预算是澳大利亚预算编制过程的基石。在一个既定的时间期间里，它为预算决策扩展了时间长度，为预算能够集中考虑大量的具体问题提供了一个一致的基准，更为重要的是，它在系统上将特别（永久性）拨款带入了年度预算程序，并使中期预算更为精确并保持在持续更新的状态。中期预算还为所有自上而下的预算决策提供了必要的基础，使所有的财政规则在支出方面充分地发挥作用。

中期预算的成功在于，它鼓励有时甚至是迫使政府将预算期间从一年延长至四年。所有新的情况和提案在四年期间都可以得到及时的考虑。进一步说，中期预算将预算期间延长了到三年之外，这对于某些类型的支出，特别是国防资本支出和那些增长迅速而超出了当前预算期的项目十分有用。这种做法通过确保预算可以反映项目的后续成本，而不仅仅是第一年的开支，或者是反映"前几年"的开支成本，来达到控制支出增长的目的。中期预算还可以将"特别"（永久性）经费纳入固定预算来加以控制。

如上所述，澳大利亚对中期预算的评价十分积极，这是无可争议的。由于在预算编制过程中使用适当的标准和采取了必要的财政措施，中期预算具有稳定性和科学性、纪律性的特点。而在其编制中由于允许各方注重实质性政策及其执行问题，也大大地缓解了年度预算程序。

无论是在财政紧张抑或财政宽松的情况下，中期预算都表现得很好。在财政紧张的时候，可以利用中期预算作出必要的支出削减。在这种有效的自上而下的调整过程中，中期预算是一个必备的先决条件；而在财政资源充裕的年份里，中期预算又可以对未来年份的支出进行锁定。

第九章 南　　非

南非中期预算的具体名称为“中期预算政策报告（MTBPS）”，按照世界银行的分类历经了三个阶段：第一阶段是中期支出框架（MTEF）；第二阶段是1998年引入了中期预算框架（MTBF），中央和省级没有试点，地方政府推行试点方法；第三阶段是于2002年过渡到中期绩效框架（MTPF），中期支出框架的主要目标是建立规划和预算编制之间的联系，摆脱增量预算，使议会和公民社会更多地参与预算决策，并增加预算的产出导向（见表9-1）。

表9-1　　南非中期预算概要

问题	细节
实施	MTBF于1998年引入，MTPF于2002年引入。
基本特征	三年期滚动框架设定未来年份指导性支出上限。MTEF涵盖了中央和省级政府支出的所有种类。
宏观财政框架	收入预测得到显著改善。
战略目标	部门战略计划仅在形式上努力满足了正式需求，并未告知重点决策。议会明显给予战略指导。
与预算的联系	MTEF与预算编制完全融合。
参与者和获得的支持	财政部处于主导地位，但过程经过协商，涉及无数主体，包括中央和省级中期支出委员会。
机构能力	中央政府的技术能力特别强，特别是国库；但省级政府技术能力较弱。

续表

问题	细节
对绩效的关注	2002 年将绩效因素引入 MTEF 的最初努力并不成熟，得到质量不一的信息（未用于支持支出政策）。
预算质量	国会和省级立法机关均未完全利用 MTEF 信息。
其他问题	2011 年的 MTEF 受服务提供协议确定的各活动和产出驱使。

资料来源：世界银行：《超越年度预算》，中国财政经济出版社，2013 年。

一、基 本 情 况

（一）中期预算引入的背景

南非中期支出框架最初是在高负债背景下引入的，随后财政平衡稳步改善。中期支出框架（MTEF）的引入恰逢该国的财政状况持续改善，这有助于以健全的宏观经济形势和强大的机构为基础的信用评级升级。中期支出框架（MTEF）很大程度上是南非主动进行的项目，借鉴了别国好的做法，且一开始就强调采用好的做法转向使用绩效信息，但由于为时过早而一直不成功。总统致力于建立基于成果的绩效管理系统，该系统将专注于在中期战略框架中设立的有针对性的战略成果目标。与每个成果相联系的可测量的产出将得以确定，并将指导重点工作领域的协议。

（二）中期预算的法律依据

南非在财政方面的法律主要有：《南非公共财政管理法》（The Public Finance Management Act（PFMA）），2000 年 4 月 1 日实施；《市财政管理法》（Municipal Finance Management Act No. 56 of 2003（MFMA））。但与中期预算紧密相关的法律是《财政法案修正程序和相关事项法令 2009》（The Money Bills Amendment Procedure and Related Matters Act 2009（MBAPRPA））。该法律对中期预算作了具体规定，要求政府至少在国家预算呈交前三个月，向议会提交中期预算政策报告，报告必须包括：（1）现行财政年度的修订的财政框架，以及对未来三年的建议财政框架；（2）对宏观经济和财政政策定位，以及支撑财政框架的宏观经济预测和假定作出的解释；（3）政府下一个三年开支优先事项；（4）对下一个三年国家、省、地方政府间的收入分配提出的建议；（5）任何对省和地方政府专项转移支付的重大建议调整；（6）对中央部门和省政府在当前财年4月1日至9月30日之间的开支的回顾。

（三）南非中期预算编制机构和流程

南非财政部是中期预算主要倡导和编制者，并得到了政府最高层的广泛支持。南非中期支出框架是为期三年的滚动框架，未来年份上限是指导性的，包括中央和省级所有支出机构的各类支出，中央政府的中期支出框架和预算的支出分类相同。只有获得国会或省级立法机构的批准并根据调整预算，支出上限才可以超出限额。

财政部领导编制和发布中期支出框架（MTEF）指南，许多机构参与此过程：中央政府部长的预算委员会及省级预算论坛负责监督预算，预算委员会对分配给各省的收入提出建议，中央和省级中期支出委员会对支出进行关注。

基于各支出机构执行支出时的绩效评估，财政部提出最初上限，最终上限由国会审核。国会批准预算年度上限，作为预算的一部分。支出机构战略修订，以反映所批准的上限。中期支出框架（MTEF）以中期预算政策报告的形式向国会报告。

财政部负责收入预测的宏观财政建模，收入预测的准确性得到改善。各支出机构制定许多绩效指标，但这些指标是投入、产出和成果的混合物，并未系统地用于预算决策。2002年以来，所有中央和省级政府机构一直按要求制定三年战略计划，并提交国会审核，但也存在走形式的情况。新项目都应该作成本估算，具体细节提供给中央或省级中期支出委员会，大型和特大型基础设施的融资由资本预算委员会评估。

财政部根据各部门战略审核中央和省级支出机构的支出要求。部门委员会还针对卫生、教育和社会发展的支出提供引导。各省都有各自的预算过程，如果省级政府和中央政府执行同样的功能，那么这适用统一的预算项目分类。在这种情况下，中央部门负责跟踪跨越九省的具体项目的结果和支出。跨部门的功能工作由财政部进行，其中省级预算项目分类不同于中央政府。

中期预算政策报告（MTBPS）是和议会、国家和经济背景交流的政府政策文件，以便推出新一期预算，同时推出的还有财政政策目标和为期三年支出期间的支出优先事项。该政策报告是南非开放和可问责的预算程序的重要组成部分，授权议会讨论和形成政府预算措施。修订的当年财政框架、提议的中期财政框架、对宏观经济和财政政策定位的解释以及预测和假定提交给议会财政委员会；未来三年的国家开支优先事项、政府间收入分配建议和专项转移支付调整提交给拨款委员会。这些委员会就建议的财政框架和收入分配向他们相应的议会汇报，报告应包括建议的财政框架和收入分配的修正案。被采纳的报告将作为对政府的委托授权，根据中期预算政策报告的政策措施来准备新一期预算。

二、主要内容

与一些发达国家年度预算与中期预算完全融合并且有公开的长期预算或预测不同，虽然南非的年度预算和中期预算都是多年度的，但有各自单独的文件，有长期预测但尚未公开发布，年度预算及预测显著地详细于中期预算及预测；南非中央、省级和大城市以及部门都有中期预算，一些大城市有专门的资本中期预算（如约翰内斯堡）。南非中央政府中期预算的全称是中期预算政策报告（Medium Term Budget Policy Statement - MTBPS），由南非共和国财政部每年 10 月下旬发布。下面以 2014 年为例介绍南非中央中期预算的内容和架构，南非 2014 年中期预算政策报告全文共分四章及词汇表和技术附录。第一章是保持投资和维护公共财政，包括概述、迈向更快的增长、支持公共支出三部分；第二章是经济展望，包括增长和结构改革、世界经济、国内经济展望和趋势、南非道路下的结构性变化四部分；第三章是财政政策，包括公共财政的可持续基础、财政路线的调整、加强可持续性的财政综合计划、财政框架、财政前景的挑战五部分；第四章是支出优先权和政府间收入分配，包括未来三年支出计划、中期支出框架、政府间收入分配、结语四部分。具体内容[①]如下。

（一）保持投资和维护公共财政

南非强有力的经济增长支撑了 20 年公共预算的快速扩张，并在全球危机袭

① 主要根据南非财政部发布的 2014 年中期预算政策报告——Medium Term Budget Policy Statement 2014 编译。

来时，利用已搭建起的财政空间刺激经济。但目前南非面临的困难是，近年来消费导向的、靠债务融资的经济增长已经达到了极限，增长放缓。弱势的经济表现对国库施加了很大的压力，收入不足以应付支出。预算赤字很高，债务水平达到了可持续性的极限，经济易受全球波动影响。

南非政府由此提出重建可持续的公共财政，为将来的投资导向增长搭建平台。措施包括更低的支出上限，减少政府消费支出和增加收入，与进行中的适度消费、增加储蓄和扩大生产投资互相补充。而帮助贫困人群的公共支出项目，将不受政策变动和通货膨胀的影响。

未来几年面临两项突出挑战。第一是鼓励私营部门更大地投资经济，移除私人投资的障碍是政府在各个层面应优先做的事。第二个挑战是改进州政府计划、管理和维护其开发项目和基础设施的能力。南非近期在供电、供水和邮政服务上发生一些失败，损害了经济并损耗了公众信心。

南非2014—2019年中期战略框架（MTSF）是与2030年版国家发展计划（NDP）同步设计的第一个五年政策框架。MTSF下一阶段结构改革优先事项包括：（1）加强公共部门的能力建设，尤其是地方政府层面，通过“重回基础工作”的方法，聚焦于改进服务交付、问责制和融资管理。（2）通过一体化空间规划和扩大市政债券市场来重塑南非的城市环境。（3）改进教育系统的质量，从更关注人力资源管理和学习进度年度评估开始。（4）加强劳资关系的争端解决机制。（5）巩固竞争策略。（6）实施移民改革，使技术人员在南非工作更容易。

1. 迈向更快的经济增长

南非的经济表现在过去几年中恶化了，GDP增长从2011年的3.6%估计下降到2014年的1.4%，预测GDP增长是为了中期改善，包括缓解基础设施瓶颈、复苏私人投资和出口增长。

GDP年增长率5%，是南非创造就业、解决贫困和减少不平等的最低要求，这需要在未来较长时间内，通过对南非民众和基础设施的大量投资来实现。南非需要更高的投资、减少消费和增加出口。未来宏观经济政策可总结如下：（1）保持高水平的公共投资和增加私人投资；（2）减少消费以便可将国内储蓄中的更大份额用于投融资；（3）支持出口快速增长并维持有竞争力的实际汇率以刺激经济产出和创造就业。

第一，保持公共部门基础设施投资。

中期主要能源、交通和物流项目的完成将激发经济增长的潜能。保持公共部门资本投资的高水平需要做到：一是政府节制消费，以创造财政空间来保持投资和减少对外汇的依赖。二是必须为将私人资本引入公共部门基础设施项目的伙伴关系创造更大的空间。南非大部分基础设施投资，由国有企业出资。未来两年里，对国企的金融支持，包括对艾斯康（Eskom）电力公司的资本注入，将在不影响预算平衡的方式下进行提供，并且加强国企的内部治理。

第二，复苏城市投资。

主要是寻求重塑城市景观，用 PPP 来振兴对可负担住房的投资，空间规划将鼓励房屋、就业和商业一体化。未来三年，刺激措施将鼓励大城市、直辖市升级成更加紧凑、高效和公平的城市，开发能催化经济活动的混合使用区和升级非法居住区。此外，还将鼓励贷款机构扩张市政基础设施的债务融资市场。南非发展银行正在仔细审查通过基础设施债券、市政债券包销、项目融资和多种契约模式，来鼓励更多的私人投资进入市政基础设施市场。

2. 维持公共支出

过去五年里，扩张型政策使南非免受全球危机的损害，但公共债务已到可持续性的极限，债务服务支出消耗国家预算的份额日益增长，使扩大公共服务和投资的空间变狭窄。财政整顿不能再拖延，否则将使南非暴露于债务陷阱。

（1）支出和收入措施

恢复国库的可持续性的同时，要保护核心社会和经济项目。将冻结非必要消费品和服务的预算，实施费用遏制计划，在中央部门层面，削减了公务旅行食宿、广告、专家咨询、场地餐饮等支出，并将限制公务员工资增长。此外，税收提案将考虑对经济增长和创造就业的影响。

（2）改进政府的服务和交付

南非中央预算的可用资源从 2004/2005 财年的 3782 亿兰特增加到 2014/2015 财年的 1.136 万亿兰特。健康、教育和社会救助的预算在中期将和通货膨胀同步。对就业项目、技术培训和技能开发的拨款，以及房屋和社会基础设施的拨款，将继续按实值计算增长。

中期南非中央预算将强调：①改进公共资源的利用，并在不影响服务支付的情况下，让储蓄参与到财政政策优先支出事项中。②对部门和机构合作方式进行重构，以消灭低效率资源分配和重复授权。③加强费用遏制。另外，政府将鼓励扩大公共机构间的伙伴关系，或是与私营部门的伙伴关系。

（3）惩治腐败

为使支出物有所值，南非将努力巩固在公共和私营部门识别、防止和打击腐败的措施。为根除投标腐败，将对政府采购进行集中监督，引入全国价格参考系统，并吸收私营部门的专家意见和最优方法。

（二）经济前景

对南非经济前景的分析主要是，南非的经济增长可望温和提升，2017 年达到3%。主要得益于对能源、交通的投资，对全球增长的渐进式提取，对非洲大陆出口的提高，私人投资的复苏；MTSF 的举措将振兴投资铁路、能源和港口，以及移民改革和改进劳资关系的争端解决机制；全球贸易再平衡为使南非拓宽了出口范围，超越对传统矿石、金属和农产品出口的依赖；南非的低水平国内储蓄和高投资需求的反差，增加了经济对外汇资本流入的依赖，并易受其影响。

1. 增长和结构改革

南非财政部预计 GDP 增长从 2011 年的 3.6% 下降到 2014 年的 1.4%，GDP 增速放缓突出了经济中的结构性制约，包括电力供应紧张、劳动力压力、技术短缺和交通制约。MTSF 中期相关措施包括：（1）通过公共和私人投资扩大电力供应。（2）扩大煤炭出口的铁路运力和港口吞吐量。（3）提升海港码头和内河码头的性能。（4）通过勘探钻井规划和立法，开采岸上和近海油气资源。

2. 世界经济——出口预测

预测中期撒哈拉以南非洲的经济增长率仍将保持高于 5%，并对代表性国家，包括美国、英国、欧洲、日本、金砖国家、撒哈拉以南非洲的 GDP 增长率和通胀率作了预测，认为大宗商品价格下降，以及南非最大的出口市场欧盟的变弱，为南非出口平添压力。近年来，南非对南部非洲发展共同体（SADC）的制造业产品出口强势增长，使南非除了依赖传统的矿石、金属和农产品出口外，将出口范围扩展至有更大附加值的制造业出口。

在 2010 年和 2011 年收窄之后，南非的经常账户逆差 2012 年和 2013 年回到大约占 GDP 的 5.5% 的范围（见表 9－2）。南非的经常账户和财政平衡“赤字双胞胎”比许多同等的新兴市场国家要大。

表 9－2　　2007—2014 年国际收支平衡表　　单位：%

占 GDP 百分比	2007 年	2008 年	2009 年	2010 年	2011 年	2012 年	2013 年	2014 年
全部经常账户	－7.0	－7.2	－4.0	－2.0	－2.3	－5.2	－5.9	－5.4
贸易差额	－1.8	－1.6	0.1	1.9	1.6	－1.3	－2.2	－2.5
净服务、所得和转让价格	－5.2	－5.6	－4.1	－3.8	－3.9	－4.0	－3.7	－2.9

注：2014 年数据截至 6 月份。

3. 国内经济展望和趋势

预测能源和交通项目完工后，南非经济增长在中期将改善，GDP 增长预测将逐渐由 2014 年估算的 1.4% 上升到 2017 年的 3%。在说明近期南非制造业以及建筑业投资强劲增长的趋势的基础上，按日历年和财年分别对宏观经济表现作了预测，日历年预测如表 9－3 所示。

表 9－3　　2011—2017 年宏观经济表现和预测　　单位：%

比上年增长	2011 年	2012 年	2013 年	2014 年	2015 年	2016 年	2017 年
	实际			估算	预测		
最终家庭消费	4.9	3.5	2.6	1.9	2.3	2.8	3.0
最终政府消费	4.3	4.0	2.4	1.8	1.5	1.5	1.5
固定资本形成总值	4.2	4.4	4.7	2.7	3.6	4.7	5.1
国内支出总额	4.6	4.0	2.2	0.9	2.6	3.0	3.3
出口	6.8	0.4	4.2	3.1	4.2	4.7	5.2
进口	10.0	6.0	4.7	1.0	4.1	5.0	5.6
实际 GDP 增长	3.6	2.5	1.9	1.4	2.5	2.8	3.0
GDP 通货膨胀	5.9	4.5	5.8	6.1	5.8	5.7	5.6
现价计算 GDP（10 亿兰特）	2932.7	3139.0	3385.4	3642.6	3952.6	4295.8	4675.6
名义 GDP 增长率	9.7	7.0	7.8	7.6	8.5	8.7	8.8
主要商品消费物价指数（2012 年 12 月 = 100）	5.0	5.7	5.8	6.3	5.9	5.6	5.4
经常账户平衡	－2.3	－5.2	－5.8	－5.6	－5.4	－5.2	－5.0

中期来看，更高的投资将通过非洲出口市场持续强劲的需求和扩大与私营部门的伙伴关系来支撑。有竞争力的兰特汇率将帮助促进出口，私人投资增长预测2015 年达到3.9%，2016 年为5.8%。南非失业率保持为大约25%，如果算上正在找工作的人，或将是 35%。南非消费价格指数（CPI）2010—2013 年基本上停留在3%—6%的目标区间之内，2014 年8 月升到6.4%。货币政策和需求抑制的状况帮助保持通货膨胀水平稳定，但与相同增长率国家相比，通货膨胀仍旧偏高，显示核心通胀的顽固水平，和经济的结构不平衡。

4. 南非进行中的结构调整

总结了 2012—2014 年行业增长趋势，并重点分析了就业形势。指出南非NDP 认识到增长和创造就业，必须由消费转换到投资来托底。MTSF 倡导的诸如对岸上和近海油气以及绿色科技的投资，将对进行的结构转换形成补充。

2009—2013 年公共就业项目的扩张，创造了 400 万个短中期就业岗位。2014 年初实施的就业税收奖励措施，改善了青年就业前景。就业基金到 2014 年10 月为止，批准了 93 个项目，划拨 500 万兰特的补助基金，吸引项目伙伴投资61 亿兰特。在分析就业的基础上，还分别对制造业、农业、能源、矿业、金融业监管、交通和通讯进行了形势分析。

（三）财政政策

根据前面的分析，南非政府提议缩减预算赤字、稳定债务和重建财政空间。主要措施是节制支出增长和增加税收，保留对核心社会经济项目的支出，集中减少非必需商品和服务，中央政府的人员预算将不再增加，空缺职位所需资金将被审查，预计 2017/2018 财年中央债务将稳定为 GDP 的 46%。

为重建未来 20 年公共财政的可持续基础，在中期支出框架期间，南非政府的财政目标如下：（1）依照 2014 年预算发布的目标减少预算赤字，放慢支出增长，并进行税收改革以增加收入；（2）稳定债务以保证财政可持续性，并将资源由利息支付转到服务交付；（3）继续按照 NDP 和 MTSF 所制定的政府优先事项转换支出方向；（4）约束商品和服务的预算和员工报酬的增长。南非政府依旧承诺反周期性、债务可持续性和代际公平的财政原则，但焦点将转换到债务可持续性、配置效率以及在公共支出中获得物超所值。

南非弱于预期的经济表现和前景引发新的财政挑战。2009 年经济衰退时，前几年建设起来的财政空间，使政府能够以大规模的支出相应对。但目前大宗商品价格下降，兰特贬值推高了通货膨胀，将不能再支持高支出增长率。

2011—2013 年尽管南非政府在维持支出上限上很成功，但基本预算赤字仍占 GDP 大约 5%，预测南非债务占 GDP 比率在 2009—2019 年之间的增长是新兴市场同等国家中最高的，达 15% 以上。2015—2017 年，南非政府预计债务总额将增长 5900 亿兰特，2017/2018 财年达到 2.4 万亿兰特。赎回过去 20 年发行的债务将增加 1940 亿兰特的中期借款需求，加之应对全球金融危机发行的债券到期，南非政府的总金融需求将从 2017 年急剧升级。因此财政整顿不能再拖延。

财政前景面临的主要风险是经济表现、公共部门工资支出和国有企业资产负债表。政府提议的中期缩减赤字和稳定债务的财政计划有五个要素：（1）减少支出增长，降低支出上限。南非 2012/2013 财年开始设立支出上限，政府将分两年，2015/2016 财年非利息支出上限将减少 100 亿兰特，2016/2017 财年减少 150 亿兰特，合计降低预算支出上限 250 亿兰特。降低额根据份额在中央、省和地方政府层级均衡分配。（2）南非政府将通过税收政策和征管改革，至少在 2015/2016 财年筹集 120 亿兰特，2016/2017 财年 150 亿兰特，2017/2018 财年 170 亿兰特。（3）南非政府还将改革中期预算，更注重长期计划和有效资源配置。预算程序将重新定位，对外围年份的基线估算将用综合评估进行审查，强调物有所值和与长期政策优先事项相对接。（4）不再增加政府的人员人数，审查空置职位的资金。南非政府人员人数 2015—2016 年将被冻结，任何人员的增加将从现有拨款中提供资金。相关部门将在未来两年里进行复查，考虑永久性撤回对空白职位提供资金。（5）采用赤字中性方法为国有企业提供资金，中期政府将保证任何资本化需求不会扩大预算赤字。对国有企业的资金划拨将依据企业展示的合理商业计划，政府也可能将处置非战略资产来筹集收入，包括不动产、上市公司的直接或间接股权、国有公司的非战略政府股权和公共团体剩余的现金余额。

考虑到中期支出的温和实际增长，2014/2015 财年预算赤字预计占 GDP 的 4.1%。支出增长率变慢使主体预算赤字 2017/2018 财年缩减到 3%，帮助稳定债务占 GDP 比率。框架中外围年份的支出上限包括 450 亿兰特的未分配储备，将用作财政缓冲器。在建议的改革之前，中央政府的净债务（债务总额减去盈余现金）占 GDP 的份额预计 2021 年以后会继续增长。财政一揽子计划将使 2017/2018 财年的债务稳定为 GDP 的 45.9%，并在之后下降。

南非 2013/2014—2017/2018 财年综合经常项目和资本项目情况如表 9－4 所示。

表 9－4　2013/2014—2017/2018 财年综合经常项目和资本项目余额　单位：10 亿兰特

	2013/2014	2014/2015	2015/2016	2016/2017	2017/2018
		估算	中期估算		
经常项目余额	-8.9	-9.3	24.1	68.7	107.0
占 GDP 百分比（%）	-0.3	-0.3	0.6	1.6%	2.2
资本借款需求	-136.6	-149.8	-163.8	-174.5	-184.2
占 GDP 百分比（%）	-4.0	-4.0	-4.1	-4.0	-3.9

（四）支出优先事项和政府间收入分配

南非政府提议 2015—2017 年每年支出增长 7.6%，到 2017/2018 财年达到 1.55 万亿兰特。依照 MTSF，2015—2017 年最大拨款依次是基础教育（15%）、卫生（11%）和社会保障（11%）；功能性支出中增长最快的是成人教育和培训，以及就业、劳工事务和社会保障基金；债务服务费用将每年增长 9.3%，整体来说快于预算增长，2017/2018 财年达到大约 1500 亿兰特。

南非政府预测支出温和的实际增长将使政府能够为大部分 MTSF 的优先事项提供资金。支出仍将聚焦于社会服务（教育和技能开发、卫生和社会保障），将占中期支出框架期间分配支出的大约 42%。18% 的支出将直接针对社会和经济基础设施的提供、管理和监管。政府在达成目标的过程中，将继续追求更高效和物有所值。

中期支出框架的政策目标是依据《2014—2019 年中期战略框架》勾画政府功能拨款的 14 项成果指标（见第一编），来指导政策和资源的协调配置。南非过去 20 年的公共支出增长整体上快于经济增长。公共支出比通货膨胀增长快，在 2005/2006 财年（主体预算 4210 亿兰特）到 2014/2015 财年（主体预算 1.14 万亿兰特）之间名义年支出增长率平均为 11.7%。2005/2006 财年到 2014/2015 财年之间，公共支出增长整体上快于经济增长。主体预算中的公共支出从 2005/2006 财年占 GDP 的 26% 上升到 2014/2015 财年的 31%。支出增长集中于社会和经济基础设施，以及有利于社会收入的项目，诸如教育和医疗保健。总的来说，对这些功能的支出从2005/2006财年占主体预算的51%上升到2014/2015财年的59%，而划拨用做房屋和市政基础设施和服务的支出份额翻番，从2005/2006财年的6%上升到2014/2015年的12%。

NDP的首要目标如到2030年创造1100万个新就业岗位，要求经济较长时期内快速增长。政府将首先重塑城市空间，2015—2017年大约5600亿兰特可用于服务交付、市政基础设施开发和房屋，年度拨款以每年8.1%的速度增长。为提高竞争力和就业，支持产业政策的支出增长大大快于近年整体开支的增长。中期支出框架期间，超过180亿兰特的提议拨款支持制造业领域。将扩大公共工程、就业税收刺激措施、就业基金直接有利于创造就业。通过教育和技能培训促进就业，2015—2017年南非政府计划给基础教育和技术开发划拨8330亿兰特。

2015—2017年，由于更加约束的财政环境，计划开支年增长率为7.6%，比2011/2012财年到2014/2015财年期间的9.4%放慢。按功能分类增长最快的项目是成人教育和培训、就业、劳工事务和社会保障资金，以及房屋开发和社会基础设施。一般公共服务、经济基础设施和网络规范计划低于平均增长。按经济分类，国家债务成本、对家庭的转移支付、对省和市政的转移支付，以及固定资产的购置和建造的开支相对快速增长（见表9－5）。

表9－5　2013/2014—2017/2018财年综合政府支出①　单位：10亿兰特

	2013/2014	2014/2015	2015/2016	2016/2017	2017/2018	2014/2015—2017/2018 财年年均增长
	决算	修订	中期估算			
按功能分类						
基础教育	176.8	188.0	201.5	212.8	226.1	6.3%
医疗卫生	134.2	145.5	154.6	163.8	175.1	6.4%
国防、公共秩序和安全	153.9	163.9	171.6	181.7	193.1	5.6%
国防和国家安全	45.0	47.9	50.0	52.9	56.0	5.4%

① 包括中央、省级、社保基金和公共实体。

续表

	2013/2014	2014/2015	2015/2016	2016/2017	2017/2018	2014/2015—2017/2018
	决算	修订	中期估算			财年年均增长
警察服务	74.2	78.5	82.4	87.0	93.0	5.8%
法院和监狱	34.7	37.6	39.1	41.7	44.1	5.5%
成人教育和培训	51.2	53.3	59.5	64.7	68.1	8.5%
经济事务	176.4	195.0	202.4	217.7	227.2	5.2%
产业开发、贸易和创新	59.5	63.3	67.8	72.4	74.1	5.4%
就业、劳工事务和社保基金	48.4	57.6	64.1	68.9	72.8	8.1%
经济基础设施和网络规范	68.5	74.1	70.5	76.4	80.2	2.7%
地方发展和社会基础设施	159.1	176.4	199.6	208.8	221.5	7.9%
房地产开发和社会基础设施	141.4	156.9	179.6	187.0	198.3	8.1%
农村发展和土地改革	10.1	10.4	10.7	11.6	12.3	5.7%
艺术、体育、娱乐和文化	7.6	9.1	9.3	10.2	10.9	6.2%
一般公共服务	63.4	67.1	68.3	67.8	71.4	2.1%
社会保障	131.2	143.4	154.9	165.4	176.3	7.1%
按功能拨款合计	1046.2	1132.6	1212.4	1282.6	1358.7	6.3%

续表

	2013/2014	2014/2015	2015/2016	2016/2017	2017/2018	2014/2015—2017/2018
	决算	修订	中期估算			财年年均增长
债务服务费用	101.2	114.5	126.5	139.4	149.7	9.3%
未分配储备	—	—	5.0	15.0	45.0	
综合支出	1147.4	1247.1	1344.0	1437.1	1553.4	7.6%
按经济分类						
经常开支	692.9	750.9	797.7	847.4	902.3	6.3%
雇员薪酬	407.6	440.7	470.6	501.8	533.5	6.6%
商品和服务	177.8	189.5	193.8	200.2	213.0	4.0%
利息和土地租金	107.5	120.8	133.3	145.3	155.9	8.9%
其中：债务服务费用	101.2	114.5	126.5	139.4	149.7	9.3%
转移支付和补贴	370.3	402.0	440.2	470.8	495.1	7.2%
省级和市级	91.1	96.2	107.3	113.2	119.4	7.5%
部门机构和账户	20.7	25.3	27.7	29.0	29.1	4.9%
高等教育机构	23.8	25.3	27.1	29.2	30.6	6.5%
外国政府和国际组织	2.7	2.2	2.3	2.4	2.4	3.2%
公共机构和私人企业	27.3	27.9	30.9	33.1	32.9	5.6%
非营利机构	27.0	28.9	29.4	31.4	33.1	4.7%
家庭	177.7	196.2	215.4	232.7	247.4	8.0%
固定资产的付款	80.3	90.2	97.7	103.6	110.6	7.0%

续表

	2013/2014	2014/2015	2015/2016	2016/2017	2017/2018	2014/2015—2017/2018
	决算	修订	中期估算			财年年均增长
建筑和其他固定资产	63.8	73.1	80.0	84.9	89.5	7.0%
机器和设备	16.5	17.2	17.8	18.6	21.1	7.1%
金融资产的支付	3.8	4.0	3.4	0.3	0.3	
合计	1147.4	1247.1	1339.0	1422.1	1508.4	6.5%
未分配储备	-	-	5.0	15.0	45.0	
综合支出	1147.4	1247.1	1344.0	1437.1	1553.4	7.6%

中期支出框架期间，省级拨款达1.49万亿兰特。其中81.6%是一般性转移支付；18.4%是专项转移支付，开支调整不允许破坏一线服务。为节约开支，将过减少非核心工作人员并征聘和保留技能人员。中期支出框架期间给地方政府的转移支付合计3130亿兰特，其中61.4%的转移支付是一般性转移支付和一般燃油费分享，剩余是专项转移支付。市政当局在服务交付和为基础设施提供资金时被要求回归基本。由于城市自筹收入的80%来自财产税和服务收费，而一些农村对转移支付的依赖占其预算资金的80%，因此要求地方政府融资应考虑到城市和农村市政当局各自的特性。

三、简要评述

国际货币基金组织2014年4月7日发布的政策报告《G20国家预算机构——国别评价》一文中①，对南非的预算机构和中期预算作出了评价。报告指出，南非的财政报告和预测，提供了对总的政府财务状况和中期预测的全面概述，已准备了长期财政预测但未公开发表。在预算文件中对财政风险有量化的讨

① Budget Institutions in G-20 Countries—Country Evaluations, IMF Policy Paper, April 7, 2014

论，但是在可选宏观经济情境下涉及的经费问题未被提及。2013 年建立了新的议会预算办公室，应能提升对预算和财政政策的详细独立审查。2011 年预算中，政府首次公布了一套指导财政政策的定性原则，滚动的中期支出框架和覆盖中央和地方层级的全面的计划兼执行的预算系统予以支撑。2012 年预算引入了主体预算①非利息支出上限，适用于每年的中期支出框架。1999 年的《公共财政管理法》（PFMA），《2009 年的财政法案修订程序和相关程序法案》（MBAPRPA）以及年度拨款法案，为通常发生在财政年度的开始，由议会批准的预算，提供了有纪律的自上而下的框架。

（一）预算体系的风险防控机制

南非预算体系的风险防控机制包括以下一些报告及机构。

1. 政府财务报告

政府财务报告是覆盖所有中央政府部委和机构，以及所有政府占多数股权企业的政府综合财务报告。在财政年度结束后的六个月内，这些报告被审计和公布。所有的中央部委要进行资产登记，并且政府综合财务报告广泛记录政府的金融资产和非金融资产以及或有债务包括贷款，融资租赁、衍生工具和员工福利和其他准备金。但是，未提供综合政府资产负债表。独立的国家统计局针对包括中央、省级、地方政府及其非商业团体，按照《2001 年政府财政统计手册》（GF-SM2001）进行综合财政统计。

2. 宏观经济和财政预测

南非中期宏观经济和财政预测在每年 2 月的预算报告中公开发表。下一年预算中经济预测和财政总量的年中早期信号，在每年 10 月向议会提交的中期预算政策报告（MTBPS）中提供。预测数和实际结算数的比较，包括在预算报告、MTBPS 和国家支出调整估算中。预算文件提供前三年的结算数，当前财年的估算数和未来三年的预测。已开发了提供 30 年关键部门收支预测的长期财政报告，并且在 2013/2014 财年预算中大体告知了，但是还没有公开发表。

3. 独立的财政机构

① 主体预算包括：（1）给中央部门的拨款和对省、地方政府和公共实体的转移支付；（2）国家收入基金之前的直接费用，包括对省一般性转移支付、债务服务费用以及法官和代表的薪金。

南非独立的财政机构主要有金融和财政委员会（FFC）和议会预算办公室。金融和财政委员会（FFC）的设立起因于宪法关于政府间收入分配、更广泛的财政政策和政府宏观经济前景的意见。财政部部长在法律上被要求提交一份“关于FFC的建议在政府间收入分配拨款时是如何被考虑的备忘录”，该备忘录与预算一起提交。2009年的财政法案修订程序和相关程序法案（MBAPRPA）还建立了独立财政机构——新的议会预算办公室，其宗旨职责是为议会提供针对政府财政政策、宏观经济和财政预测及预算的独立详细审查，首任负责人在2013年6月被任命，但是该办公室还没有全面运转。

除了上述机制外，中期预算政策报告还包括对财政风险定性的讨论。以给主要国有企业和私营部门的担保形式存在的或有债务、针对政府部门的索赔、公私合作伙伴关系债务以及员工福利在预算报告覆盖的三年期间有被量化。但是议会并不明确地批准这些担保或者其他可能产生的或有债务。没有针对可选的中期宏观经济情境所涉及经费问题的公开发布的评估。管理地方政府财务的立法禁止中央政府为地方政府债务担保，并且市政当局被要求基于他们自己的资产负债表来借贷。

（二）利用中期预算开发财政调整策略

1. 调整财政目标和原则

2011年预算引入了针对中长期财政政策的定性指导方针，基于总的政府债务可持续、保持代际公平和财政政策反周期的原则。但是，这些财政目标没有被明确地量化，也没有给出实现的时间范围。政府目前没有针对这些定性指导方针如何执行的报告。2012年预算引入了主体预算非利息支出上限。

2. 调整中期支出

中期预算提供了未来三年里详细的支出预测，包括中央、省级和地方政府，以及每个部门分别提交的中期的，来自现有政策的所有新预算优先事项。框架包括社会保障基金和国库主要供资的公共团体，不包括省级和市级自有收入供资的支出。过去，中期预算不制定绑定框架和依据实际收入调整的中期预测。2013年预算维持了2012年预算设立的总非利息支出上限。新的项目和项目扩张将通过功能组和类别内的调整优先次序和节余来供资。

3. 改进绩效导向

每个部门的预算科目，按照目的、项目和子项目以及每个部门在项目层级上的议会拨款资源来划分，每个部门的中期关键绩效指标在国家支出估算文件中提供。直到最近，没有经常性的支出审查来评估项目的效率和影响。但是2012/2013财年以来，绩效监控和评估部（DPME）和想了解绩效并找到物有所值路径的部门一起，进行了项目评估。评估的结果与相关部门分享，提交给议会并在DMPE网站上公布。南非财政部和DMPE进行的联合评估在2014/2015财年公布。

4. 调整政府间财政关系

南非宪法规定了政府间财政关系的原则，为中央政府、省级政府和市政当局提供公平的收入分享。收入分享的计算公式以及每个省和市的多年拨款方案，和预算一起，在年度政府间收入分配法案中公布。《2003年市级财政管理法案》（MFMA）要求市政当局维持地方政府经常项目收支平衡，且包括强制服从的机制。

（三）利用中期预算实施财政调整战略

1. 预算覆盖率高

拨款预算覆盖了超过93%的中央政府支出，仅省略了债务服务费用和其他不包括在由南非财政管理法核准的国家收入基金中的直接费用。从2010年起，税收支出报告纳入了年度预算附录C中，并且量化了该财年的税收提议。税式支出报告对税式支出损失的收入进行了估算，但对税式支出的增长和规模没有制定限额。

2. 限额管理及增补性预算的规定

政府在2012年的预算报告中，引入了主体预算非利息支出上限，覆盖了所有政府部门和项目。债务服务费用和其他不包括在国家收入基金中的直接费用会在预算中最先谈到。通常，所有主要收入和支出决策被看作是年度预算进程的一部分，并且增补性预算通常小于批准预算的1%。增补调整正常情况下，在非利息支出上限之内全额供资。

3. 议会批准

议会修订预算的权限，是在《2009年财政议案修正程序及相关事项法案》中被立法的。该法案要求财政部在提交年度预算之前至少三个月，向议会提交中期预算政策报告。议员被要求以自上而下的顺序，在接收和修订财政框架和收入提议的第一时间，讨论并批准该预算，并稍后表决政府间收入分配和拨款法案。议会对拨款法案的修订必须是程序最开始批准的财政框架内可负担的。虽然预算通过在财政年度开始之后才被批准，在预算通过之前，南非财政管理法规定前一年拨款的45%可用于开支。

4. 预算执行控制

虽然财政部部长被授权在紧急情况下，在议会批准拨款基础上超支多达2%，但这个惯例很少被追随[①]。结转的未用拨款被限制在支出的特殊种类，并且财政部制定了总的限制。资本支出的多年度承诺必须通过年度拨款法案授权。占支出1%的应急费用传统上被提供用于不可预见性支出，但是对获得这一费用有清晰的标准，并且调整拨款法案规范化了资金的提供。虽然财政部部长被授权可扣留预算拨款资金，但这通常只在资金被转移到另外一个机构或者被指定用于特殊目的的情况下，才会执行。

（四）中期预算的评价和建议

南非预算系统有许多薄弱环节，中期预算旨在成为综合预算改革的核心。虽然整体仍存在某些不足，但预算可信度显而易见。财政部的领导和对合作方法的承诺，极大地促进了中期预算的成功。运作良好的行政部门可以使中期预算在中央政府运作良好，至少在技术层面上如此，但各省仍有些滞后。国会和省级立法机构均未充分利用中期预算所提供的信息。中央层面的技术能力较强，尤其是财政部，但在各省相对较弱。重大的支出调整发生在“重建和发展项目”中。中央政府支出不足和省级政府超支问题长期存在。支出不足和超支会随着中期预算的引入而减少。对结转资金的约束制约了支出不足，严格的审批程序制约了超支。宏观经济稳定成为重点。虽然在经济增长的同时，失业率和贫困率仍然很高，但在财政方面，解决了大规模的财政失衡、糟糕的服务提供以及透明度和责任的缺失。后种族隔离政府致力于广泛的政治、经济和社会变革，包括支持“重建和发展项目”的预算改革。在目前的经济和政治气候下，中期预算有利于各种资源更为有效的利用，同时也利于服务提供目标

① 此条款过去20年只用过一次，是在2007/2008财年支付公交车补贴。

的跟踪。

IMF 建议通过以下手段加强宏观财政预测：公布长期财政分析；考量可选的宏观经济情境和他们对财政总量主体的影响；将实际宏观经济数据和中期支出框架预测相比较。IMF 还建议：实施数值基准，来指导现有财政政策；提供绑定中期支出上限，来在财政政策指导方针之内，约束非利息开支；用全面财政风险报告共同绘制财政风险分析；将所有国有企业担保申请提交给议会批准，来加强监管，以及控制亏损的爆发。

第十章　日　　本

根据日本宪法，日本预算实行单年度主义原则，但鉴于20世纪90年代以来财政入不敷出、债务规模不断扩大的局面，通过制定中期财政规划进行财政整顿一直是历届政府的重要议题。目前为止，日本只编制了中期财政框架，而没有中期预算框架。日本的中期财政框架起始于2001年，但在此之前，日本亦有类似的计划，可以追溯至1996年。2001年以后，各个时期属于中期财政框架的计划名称各不相同，如“改革和展望”、“基本方针”等等，明确提出“中期财政框架”名称的只有2010年的菅内阁，之后的安倍内阁改用了“中期财政计划”。日本中期财政框架一直努力试图通过制定财政收支与债务健全化目标来约束预算编制，但效果一直不理想。

一、基本情况

（一）财政构造法

日本最早与中期财政框架类似的制度是桥本内阁于1996年12月制定的《财政构造改革法》，它确定了一个多年期的支出削减计划，从这个意义上说，它是一个中期财政框架。它当时提出的具体目标是：（1）中央与地方政府财政健全化目标。在2005年之前，尽早实现中央与地方财政赤字占GDP之比控制在3%以下。（2）中央政府一般会计财政健全化目标。一是尽早实现基本财政收支平衡；二是在 2005 年之前，尽早摆脱对发行特例[1]公债的依赖。

1997 年被视为“财政构造改革”的初始年，1997 年度的预算通过各种合理化措施，最终达成了基本财政收支平衡的目标。之后，桥本内阁进一步调整与明确了构造改革的目标与途径：（1）2003 年之前，将中央与地方政府财政赤字占 GDP 之比控制在 3% 以下；（2）逐年减少特例公债，在 2003 年之前摆脱对特例公债的依赖；（3）在社会保障、公共投资、文教等 9 个领域确定支出削减目标。

在财政构造改革法的约束下，日本政府编制了 1998 年度预算，这个预算使特例公债发行额比 1997 年度减少了 3400 亿日元，公债依存度下降了 1.6 个百分点，为 20.0%。同年 7 月，小渊内阁上台。由于当年上半年日本经济出现实际 GDP 连续两个季度的负增长，小渊内阁提出补充预算，成立了总额超过 17 万亿日元的“紧急经济对策”，“财政构造改革”到此结束。

（二）经济财政的中期展望

2001 年 4 月，小泉组成内阁，6 月通过《关于今后经济财政运营与经济社会构造改革的基本方针》（简称“骨太方针”）。“骨太方针”提出在 2002 年度预算中将国债发行额控制在 30 万亿日元以下，并提出将在以后年度实现基本财政收支平衡的目标。

2002 年 1 月，依据“骨太方针”，政府开始制定“构造改革和经济财政的中期展望”（以下简称“改革和展望”）。“改革和展望”实质上包含了一个中期财政框架，其参考资料主要是内阁府通过一个计量模型预测的相关宏观经济与财政收支指标（称为“内阁府试算”）。2002 年度以后，财务省的一个收支预测——“后年度收支影响试算”也被加入到参考资料之中。“改革和展望”确定了经济财政的中期目标，意在整合短期与中期经济财政政策，确保财政与社会保障制度的中长期可持续性。2002 年“改革和展望”的政策期间是 2002～2006 年，财政政策方针主要有以下两点：（1）中央与地方政府基本财政收支赤字占 GDP 之比在 2006 年之前实现减半目标（与 2000 年度相比，2000 年度为 4.3%），并在 2010 年左右实现收支平衡；（2）政策期间，一般政府支出规模占 GDP 之比不超过 2001 年度 38.2% 的水平。

---

① 即赤字公债

（三）其他中期财政计划

在小泉的“骨太方针”之后，日本内阁还制定了一些其他中期财政计划。主要有2006年7月7日通过的《经济财政运营和构造改革的基本方针》、2009年1月19日通过的《经济财政的中长期方针和10年展望》以及2009年6月23日通过的《经济财政改革基本方针2009——安心、活力、责任》等。这些计划的政策时间是5~10年，并且都制定了具体的基本财政收支健全化目标与债务余额占GDP比重削减目标。

二、主要内容

（一）菅内阁“中期财政框架”的内容

2010年6月22日，日本民主党、国民新党的菅内阁通过了《财政运营战略》，决定引入“中期财政框架”，使年度预算编制在经济财政预测和展望的基础上，尽可能地能考虑未来多年的状况。按照《财政运营战略》制定了2011年至2013年的第一个中期财政框架。中期财政框架原则上每年修订一次，2011年3月开始着手第一次修订。《财政运营战略》主要包括了财政健全化目标、财政规则与中期财政框架三个方面的内容，详情如下。

1. 财政健全化目标

收支目标具体包括三项：（1）中央与地方政府基本财政收支赤字占GDP的比重最迟在2015年度之前实现比2010年水平减半目标，最迟于2020年度之前实现收支平衡；（2）中央政府基本财政收支赤字占GDP的比重最迟于2015年度之前实现比2010年水平减半目标，最迟于2020年度之前实现收支平衡；（3）2021年度以后，在下面债务余额目标达成的背景下，仍将继续努力保持财政健全化。

债务余额目标。2021年度以后，使中央与地方债务余额占GDP的比重稳定下降。菅内阁之前，自民党政权时期的财政健全化目标：一是在2011年度之前实现中央与地方政府基本财政收支平衡；二是中央与地方债务余额等对GDP的比重在2015年以后稳定下降。但是由于发生了2008年金融危机，日本政府不得不出台大规模的经济干预刺激计划，导致当初确定的财政健全化目标必须调整。

所谓的基本财政收支，是指除国债以外（国债支出—国债发行）的财政收支。基本财政收支平衡意味着每年的经常性财政支出的经费来源是税收。假定利率与经济增长率相同，由于基本财政收支实现了平衡，政府债务占 GDP 的比重将不会继续攀升，因此，如果最终的政策目标是削减政府债务，实现财政运营的安全与可持续性，基本财政收支平衡则不过是财政健全化的起步而已。如果利率高于经济增长率，即使基本财政收支实现了平衡，也会导致实际的财政收支赤字，因此，基本财政收支平衡这一目标更是财政健全化的必要前提。

2. 财政运营的基本规则

确保财源规则。在新出台增加财政支出或减少财政收入的宏观经济政策时，原则上，应配合相应的压缩其他支出或能确保收入的措施。

缩减财政赤字规则。综合考虑景气循环周期等状况，在每年编制中央政府预算时，原则上应缩减国债发行额，降低国债依存度，切实努力地逐步改善基本财政收支状况。

确保结构性财政支出的财源。与养老金、医疗、护理等给付相关的社会保障支出，存在结构性增加因素，对这样的支出，应通过收入与支出两方面的改革，保证其有稳定的财源。

支出调整的基本原则。对包括特别会计在内的所有财政支出领域的支出项目，按其内容和性质，从必要性、效率等角度持续地进行重新评价，彻底杜绝无效、浪费的支出，果断地调整预算。

保证地方财政平稳运行。中央政府应充分尊重地方财政的自主性、保证地方财政能够平稳运行，不能损伤其自律性，避免出台向地方政府转移负担的经济政策。

3. 中期财政框架

《财政运营战略》中的一个重要部分就是决定引入了“中期财政框架”。2011～2013 年中期财政框架以努力实现“强经济”、“强财政”、“强社会保障”为目标，主要政策内容包括：

抑制国债发行额。对 2011 年度新发行国债额，确立了不能超过 2010 年预算水平（约 44 万亿日元）的具体要求。对以后年度的新发行国债额，提出为达成财政健全化目标，应切实缩减、全力抵制的目标。

收入方面的措施：（1）尽早确定个人所得税、法人所得税、消费课税、资产课税等税制根本性改革的具体内容。通过税制改革，确保必要的财政收入，努力达成财政健全化目标。（2）税收特别措施（优惠政策等），应根据 2010 年税制改正大纲从零开始。

支出方面的措施：（1）为达成财政健全化目标，2011 ~ 2013 年，采取恒久削减基本财政支出项目的办法，最大限度地努力控制支出，使其至少不能超过前一年度的预算（不包括补充预算）支出规模。（2）2011 ~ 2013 年，确保地方政府一般财源总额实际不低于 2010 年水平。（3）如果新的制度改正措施带来恒久性收入增长时，年度支出规模可以按其增长额相应扩大。如果是一时性的非恒久性的收入增加，可用于控制国债发行额方面。

此外，各年度中央预算编制被要求在中期财政框架约束下完成。中期财政框架每年年中修订一次，2011 年应以 2002 ~ 2004 年为计划期进行修订，修订时原则上前一框架的前两年计划应维持不变。

4. 中期财政框架的实质

日本营内阁的中期财政框架实际上是一个 3 年期的“支出规模天花板”计划，是《财政运营战略》中提出的财政健全化目标以及财政运营规则等的具体实现途径，对中央政府年度预算编制形成约束。虽然最初决定每年修订一次，但事实上中期财政框架也只存在了 3 个年度，共计修订两次。3 个中期财政框架设定的“支出规模天花板”均为 71 万亿日元。在实际的中央政府年度预算（2010 ~ 2012 年度）编制过程中的确没有突破这条线，但是在预算执行过程中，却都出现了追加补充预算的情况。从决算情况看，这 3 个年度无一例外地均突破了“支出规模天花板”（2010 年为 76 亿日元、2011 年为 81 万日元、2011 年为 76 亿日元）。

5. 中期财政框架的编制机构

《财政运营战略》及 3 个中期财政框架是由营内阁时期的“国家战略局”负责编制的。国家战略局成立的历史过程如下：在内阁府设置国家战略局的最初设想是小泉于 2001 年 4 月就任首相后第一次召开记者招待会时提及的，小泉当时用的名称是“国家战略本部”，但这一设想没有实现；2009 年 9 月 18 日，民主党鸠山内阁在没有立法通过的背景下，运用内阁总理大臣的权限，在内阁官房设置了“国家战略室”；2010 年 2 月 5 日，内阁法修改，决定在内阁官房正式设立国家战略局。

国家战略局的主要职责有两项：一是起草、策划与制定整体经济运营基本方针、财政运营、税收政策以及预算编制的基本方针等常规宏观综合事务；二是负责内阁总理大臣交办的相关重大政策的起草、策划与制定。其组织构主要为国家战略局局长（由内阁总理大臣在内阁官房副长官中指定一名）、国家战略官（一名，相当于副局长，与大臣政务官平级）、内阁政务参事（数名，由非国会议员的内阁政务参事担当）、内阁政务调查官（数名，由非国会议员的内阁政务调查官担当）。2011 年 1 月，内阁法修改，国家战略局解散。其后，直至 2012 年 12 月安倍内阁成立，国家战略室继续发挥作用。

（二）安倍内阁“中期财政计划”的内容

2012 年 12 月 26 日，第 2 次安倍内阁组成，提出了“三支箭”的宏观经济政策主张。在此背景下，2013 年 8 月 8 日替代“中期财政框架”的“中期财政计划”出台。虽然“中期财政计划”与“中期财政框架”名称不同，但本质上仍然是一个中期财政框架。

1. 中期财政计划的主要内容

2013 年“中期财政计划”的主要内容如下：

财政健全化目标：（1）基本财政收支赤字占 GDP 的比重在 2015 年以前实现比 2010 年减半目标；（2）2020 年实现基本财政收支平衡；（3）2020 年以后实现债务余额占 GDP 之比平衡下降。

为达成上述财政健全化目标，2014 年和 2015 年需分别制定 4 万亿日元的收支改善计划。因此，需要确定各不同领域的支出削减计划以及具体实施方案。

需处理好一时性景气改善带来的财政收入增加情况，避免因此增加不必要的财政支出。

地方财政应维持 2010 年度一般财源总额规模。

2. 中期财政计划编制机构

中期财政计划由内阁府“经济财政咨询会议”编制。经济财政咨询会议是设置在内阁府的一个重要部门。其设置依据是内阁设置法第 18 条，最初于 2001 年由桥本内阁在中央政府机构改革过程中设置。经济财政咨询会议由议长和 10

名议员组成，包括：（1）议长1名，由内阁总理大臣担任；（2）法定议员2名，由内阁官房长官、内阁府特命担当大臣（负责经济财政政策）担任；（3）其他议员由内阁总理大臣在各省大臣及“民间有识者”中指定。按惯例，中央国家政府行政机关的财务大臣、总务大臣、经济产业大臣均被指定为议员。此外，日本银行总裁也占据一个名额。按法律规定，“民间有识者”议员人数不能低于总数的40%，因此，通常从财界与学界各选择2名。民间议员任职2年，可以连任。

财政咨询会议结合具体的议题，可以吸收临时议员参加，还可以直接吸收各行政机构相关议题提出的建议等。例如，政府税制调查会会长、财政制度等审议会会长、规制改革及民间解放推进会议议长等均有临时议员的经历。

经济财政咨询会议在小泉任期内主导了多项有影响力的改革，如预算编制程序改革、金融体系改革、邮政民营化、三位一体改革、政策金融改革、规制改革、税制改革、经济成长战略、岁出岁入一体化改革等。在民主党执政的2009年9月至2013年1月期间经济财政咨询会议暂停，其职能基本被前述国家战略局和国家战略室替代，2013年，安倍内阁重新恢复了经济财政咨询会议。

经济财政咨询会议对预算编制的影响。经济财政咨询会议自成立之日起，就改变了日本以往以大藏省主计局为主的官邸主导型预算编制过程。以往的预算编制程序是：8月份大藏省审查各省厅的概算申请，年末形成政府草案提交国会。政府草案起草中间，各省与大藏省之间、执政党党员与大藏省之间颇多交涉，一般是各种利益之间妥协之后形成政府草案，国会一般按原样批准。这种预算编制程序，使实际担当责任的大藏省主计局和执政党政务调查会对预算草案能施加强大的影响。

小泉内阁上台以后，利用财政咨询会议，对中央政府预算编制程序进行干预与控制，削弱了官邸对预算编制的影响。具体地，内阁府对预算编制的干预体现为：（1）6月，财政制度审议会财政制度分科会（设在财务省）就预算编制的基本原则提出建议；（2）6~7月，内阁确定“经济财政运营与构造改革的基本方针（骨太的方针）”；（3）7月，财政咨询会议确定“预算全貌”；（4）7月下旬，预算申请标准提交内阁会议；（5）8月末，预算申请；（6）11月末，内阁确定预算编制的基本方针；（7）12月下旬，内阁会议提交财务省预算草案（称为“原案”)，内阁确定政府预算案；(8) 1~3月，国会审议。

预算申请按照经济财政咨询会议根据经济增长率等宏观经济数据预测之后确定的“骨太方针”进行，财务省在审查预算申请时也依据这一方针，避免了以往的讨价还价等弊端，同时限制了执政党的干预。

(三) 对宏观经济数据的预测

如前所述，日本民主党内阁时期的“中期财政框架”本质上是设置了一个“支出规模天花板”，而这个天花板数值的确定，以及安倍内阁时期“中期财政计划”中相关政策数值的确定，与内阁确定的经济财政运营总体战略与方针相关，它们都建立在对宏观经济与财政运行进行中长期预测的基础上。

1. 两个主要的预测

“内阁府试算”。全称为“中长期经济财政试算”，是对中长期经济财政相关指标（经济增长率、物价、利率等）的预测，由内阁府计量分析室负责。“内阁府试算”在综合考虑政府宏观经济政策等因素的基础上，运用内阁府经济财政计量模型进行计算，结果每半年公布一次。

2015年2月12日经济财政咨询会议公布了2015年上半年的“内阁府试算”，主要预测结果如下：(1) 预计2015年度，中央与地方政府基本财政收支赤字占GDP之比为3.3%，可以如期达成比2010年度减半的财政赤字目标（目标值即为3.3%）。(2) 预计2020年度，中央与地方政府基本财政收支赤字占GDP之比可能为3%（谨慎）或为1.6%（乐观）。要达成2020年度的财政健全化目标，需要更加努力地改善收支状况。(3) 预计2020年度，公债余额占GDP之比（不包括复兴债）可能为206.4%，至2023年这一比重会持续提高（谨慎）或为186%，之后基本维持在这一水平（乐观）。因此，为平稳降低公债余额占GDP的比重尚需继续努力。

“后年度收支影响试算”。“后年度收支影响试算”由财务省负责，是对预算年度后一年开始3年的财政收支预测，预测结果作为预算审议资料，每年提交内阁预算委员会。2005年2月，“后年度收支影响试算”情况如下：(1) 假定经济增长率为3.0%情况下的乐观预测结果（见表10-1）；(2) 假定经济增长率为1.5%情况下的谨慎预测结果（见表10-2）。

表 10－1　　乐观预测结果　　单位：万亿日元

			2014 年	2015 年	2016 年	2017 年	2018 年	2019 年	2020 年
支出	国债		23.3	23.5	24.9	26.8	28.6	30.7	32.7
	基本财政收支（支出项目）	总额	72.6	(+0.4%) 72.9	(+1.5%) 74.0	(+2.6%) 75.9	(+3.4%) 78.4	(+2.2%) 80.1	(+2.1%) 81.9
		社会保障	30.5	(+3.3%) 31.5	(+2.6%) 32.4	(+5.2%) 34.1	(+3.8%) 35.4	(+2.5%) 36.2	(+2.3%) 37.1
		地方交付税	16.1	(▲3.8%) 15.5	(+0.9%) 15.7	(▲2.4%) 15.3	(+5.1%) 16.1	(+2.0%) 16.4	(+2.0%) 16.7
		其他	26.0	(▲0.5%) 25.8	(+0.4%) 25.9	(+2.3%) 26.5	(+1.8%) 27.0	(+2.0%) 27.5	(+2.0%) 28.1
	合计		95.9	96.3	98.9	102.7	107.0	110.8	114.6
税收等	税收		50.0	54.5	56.5	61.7	64.9	67.0	69.2
	其他收入		4.6	5.0	4.7	4.6	4.6	4.6	4.6
	合计		54.6	59.5	61.1	66.3	69.5	71.6	73.8
10. 差额			41.3	36.9	37.7	36.4	37.5	39.2	40.8
11. 基本财政收支			▲18.0	▲13.4	▲12.8	▲9.6	▲8.9	▲8.5	▲8.0

注：(1)（　）内为比前一年度增长率；(2) 2019 年、2020 年为参考预测；(3) ▲为负值。

表 10－2　　谨慎预测结果　　单位：万亿日元

			2014 年	2015 年	2016 年	2017 年	2018 年	2019 年	2020 年
支出	基本财政收支（支出项目）	国债	23.3	23.5	24.9	26.7	28.2	29.8	31.2
		总额	72.6	(+0.4%) 72.9	(+1.4%) 73.9	(+2.3%) 75.6	(+1.9%) 77.0	(+1.7%) 78.3	(+1.6%) 79.5
		社会保障	30.5	(+3.3%) 31.5	(+2.5%) 32.3	(+5.1%) 34.0	(+3.4%) 35.2	(+2.5%) 36.0	(+2.3%) 36.9
		地方交付税	16.1	(▲3.8%) 15.5	(+1.6%) 15.8	(▲2.7%) 15.4	(▲0.5%) 15.3	(+1.0%) 15.4	(+1.0%) 15.6

续表

			2014 年	2015 年	2016 年	2017 年	2018 年	2019 年	2020 年
				(▲0.5%)	(▲0.1%)	(+1.7%)	(+1.1%)	(+1.0%)	(+1.0%)
		其他	26.0	25.8	25.8	26.2	26.5	26.8	27.1
	合计		95.9	96.3	98.8	102.2	105.1	108.1	110.8
税收	税收		50.0	54.5	55.6	59.7	61.8	62.8	63.9
	其他		4.6	5.0	4.7	4.6	4.6	4.6	4.6
	合计		54.6	59.5	60.2	64.4	66.5	67.5	68.5
差额			41.3	36.9	38.5	37.9	38.7	40.6	42.3
基本财政收支			▲18.0	▲13.4	▲13.7	▲11.2	▲10.5	▲10.8	▲11.1

注：(1)（　）内为比前一年度增长率；(2) 2019、2020 年为参考预测；(3) ▲为负值。

2. 预测方法

“内阁府试算”采用的预测方法基于“经济财政模型”，这是一个中期宏观计量经济模型。第一版在内阁府经济社会综合研究所的协助下，由内阁府掌管经济财政—经济社会体系的政策统括官部门于 2011 年 11 月开发公布。2005 年更新为第二版，2008 年更新为第三版，2010 年更新为第四版。“经济财政模型”所用数据包括各种政府统计资料（见表 10－3）。

表 10－3　　经济财政模型数据来源

名　　称	发布机构
《金融经济统计月报》、《物价指数月报》	日本银行（BOJ）
《国民经济计算年报》、《民间企业资本负债表》、《海外经济数据》	内阁府（CAO）
《保险和年金动向》	厚生统计协会（HWSA）
《地方财政统计年报》、《地方财政要览》、《地方债指南》	地方财务协会（ILF）
《International Financial Statistics》《World Economic Outlook》	国际货币基金组织（IMF）
《国家公务员共济组合事业统计年报》	国家公务员共济组合联合会（KKR）

续表

名　　称	发布机构
《每月劳动统计调查报告》、《国民健康保险事业年报》、《国民健康保险实态调查报告》、《护理保险事业状况报告》、《社会医疗诊疗行为分类调查》、《事业年报》	厚生劳动省（MHLW）、社会保险厅（SIA）
《地方财政收支预测概要》、《地方财政计划》、《地方债计划》、《地方财政白皮书》、《地方公务员共济组合事业年报》	总务省（MIC）
《财政金融统计月报》、预算关联资料、《一般会计各省厅预定经费要求书等》、《决算说明》、《决算参照书》、《国债统计年报》、《从税务统计看法人企业的实态》	财务省（MOF）、国税厅
《日本未来人口预测（2006 年 12 月）》、《日本未来家庭数预测（2008 年 3 月）》、《社会保障统计年报》、《社会保障给付费》	国立社会保障人口问题研究所（NIP）
《Economic Outlook》	OECD
《消费者物价指数》、《劳动力调查》	总务省统计局（STAT）
《东证统计月报》	东京证券交易所（TSE）

“后年度收支试算”采用的预测方法。“后年度收支试算”主要根据政府宏观经济政策调整影响因素进行预测，所用主要经济指标（如名义经济增长率、消费者物价上涨率等）主要参考内阁府经济预测数据（见表 10－4）。

表 10－4　　　试算所用经济指标（政府预测数据）

		2015 年度	2016 年度	2017 年度	2018 年度	2019 年度	2020 年度
试算一	名义经济增长率	2.7%	3.0%	3.0%	3.0%	3.0%	3.0%
	消费者物价上升率	1.4%	2.0%	2.0%	2.0%	2.0%	2.0%
试算二	名义经济增长率	2.7%	1.5%	1.5%	1.5%	1.5%	1.5%
	消费者物价上升率	1.4%	1.0%	1.0%	1.0%	1.0%	1.0%

三、简要评述

日本“中期财政框架”这一具体名称，只用于民主党执政的2010年至2012年。但实际上，自2001年小泉通过《关于今后经济财政运营与经济社会构造改革的基本方针》（“骨太方针”），并且于2002年出台了《构造改革和经济财政的中期展望》（“改革和展望”）以后，各执政内阁制定的“改革和展望”、“基本方针”等都应该属于中期财政框架范畴。从实际经济财政运行状况看，上述所有这些计划执行效果均不理想，换句话说，日本的中期财政框架作用有限。

（一）财政健全化目标没有实现

2002～2009年（民主党出台“中期财政框架”之前），《改革和展望》、《基本方针》等确定的财政健全化目标情况如表10－5所示。从中央与地方基本财政收支占GDP的比重看，2002年的《结构改革和经济财政的中期展望》提出了到2010年代初期实现平稳的目标，2006年的《经济财政运营和结构改革的基本方针》进一步明确为在2011年度实现这一目标，2009年1月的《经济财政长期方针和10年展望》和《经济财政改革的基本方针2009——安心、活力、责任》则承认达成这一目标存在困难。

2010年的《财政运营战略》调整了财政健全化日程表，提出中央与地方基本财政收支赤字占GDP的比重最迟在2015年度之前实现比2010年水平减半、最迟于2020年度之前实现收支平衡的目标，之后，安倍内阁的中期财政计划延续了这一政策目标。从实际经济财政运行状况看，财政健全化目标没有实现。据IMF统计，2001～2013年日本中央与地方基本财政收支赤字占GDP的比重分别为5.18%、7.00%、7.19%、5.51%、4.73%、3.75%、2.11%、3.84%、9.91%、8.64%、9.01%、7.87%、7.80%，并预测其2014年度和2015年度的这个比重分别是7.05%和5.66%①。

① IMF－World Economic Outlook Databases（2015年4月版）。由于统计口径等原因，与日本国内统计有误差。

表 10－5　《改革和展望》、《基本方针》等确定的财政健全化指标情况

		《构造改革和经济财政的中期展望》（2002 年 1 月 25 日）	《经济财政运营和构造改革的基本方针》（2006 年 7 月 7 日）
文本及相关指标	基本财政收支平衡相关指标	“实现高效率、可持续的财政”。 1. 2010 年初实现基本财政收支平衡。 2. 政策期间，一般政府支出规模占 GDP 的比重维持在不超过目前水平的程度	“财政健全化第Ⅱ期（2007 年度～21 世纪 10 年代初）” 1. 继续第Ⅰ期（※）的财政健全化努力，实现 2011 年中央与地方政府基本财政收支平衡。 2. 尽力使严重恶化的中央政府基本财政收支恢复平衡，确保中央、地方间的平衡，推进财政再建。 3. 地方应与中央同步通过削减支出等紧缩财政，收入方面应确保一般财源总额，维持平衡。 （※）小泉内阁的财政健全化（2001～2006 年度） “财政健全化第Ⅲ期” （21 世纪 10 年代初～21 世纪 10 年代中期） 实现基本财政收支平衡后，继续努力改善收支状况，争取略有预算盈余。
	当前基本财政收支占 GDP 的比重	▲4.3（2001 年度）	▲3.3（2005 年度）（注 1）
	后一年度基本财政收支占 GDP 的比重	▲3.8（2002 年度）	▲2.8（2006 年度）（注 2）
	债务余额占 GDP 之比平稳降低	“改革和展望”政策期间及以后持续致力改善财政收支状况，如果能实现民间需求主导的经济持续增长，21 世纪 10 年代初期可以实现基本财政收支平衡。政府债务余额占 GDP 的比重，在利率平衡的前提下，预计恶化状况会改善。	“财政健全化第Ⅲ期” （21 世纪 10 年代初～21 世纪 10 年代中期） 1. 保持稳定的经济增长，抵制债务余额占 GDP 比重恶化势头，使其平稳下降。 2. 抵制中央政府债务余额占 GDP 之比恶化势头，使其平稳下降。

续表

<table>
<tr><th></th><th></th><th>《构造改革和经济财政的中期展望》
（2002 年 1 月 25 日）</th><th>《经济财政运营和构造改革的基本方针》
（2006 年 7 月 7 日）</th></tr>
<tr><td></td><td>计划年限</td><td>5 年
（“2002～2006 年度”）</td><td>—</td></tr>
<tr><td rowspan="4">参考试算等</td><td>对象期间</td><td>2001～2006 年度、2010 年度</td><td rowspan="4">※没有参考试算，附件有“今后 5 年间支出改革概要”
1. 对象期间：至 2011 年度
2. 假设前提为名义 GDP 增长 3%
3. 5 年间中央、地方支出削减
①社会保障：▲1.6 万亿日元
②人件费：▲2.6 万亿日元
③公共投资：▲5.6 万亿～▲3.9 万亿日元
④其他：▲4.5 万亿～▲3.3 万亿日元
合计：▲14.3 万亿～▲11.4 万亿日元
4. 达成目标需要减削 16.5 万亿日元，目标额与支出消减额的差额部分通过税制改革实现。</td></tr>
<tr><td>试算的前提</td><td>1. 分别以基础年金国库负担金比例为 1/2 和 1/3 两种情况进行测算。
2. 每年度测算的其他数据原则如下：
①投资性经费：▲3%
②人件费：人员数▲5%
③社会保障费：参考“医疗制度改革大纲（2011 年 11 月 29 日）”
④物件费：▲1%
⑤其他一般支出：物价上升率</td></tr>
<tr><td>最终年度名义 GDP 增长率（%）</td><td>3.0（2010 年度）
（基础年金国库负担比例为 1/2 时）</td></tr>
<tr><td>最终年度实际 GDP 增长率</td><td>1.9（2010 年度）
（基础年金国库负担比例为 1/2 时）</td></tr>
<tr><td rowspan="4">（参考）GDP 增长率</td><td>（名义）预计</td><td>▲2.4（2001 年度）</td><td>1.9（2005 年度）（注 2）</td></tr>
<tr><td>（名义）后一年度预测</td><td>▲0.9（2002 年度）</td><td>2.2（2006 年度）（注 3）</td></tr>
<tr><td>（实际）预计</td><td>▲1.0（2001 年度）</td><td>3.2（2005 年度）（注 2）</td></tr>
<tr><td>（实际）后一年度预测</td><td>0.0（2002 年度）</td><td>2.1（2006 年度）（注 3）</td></tr>
</table>

续表

		《构造改革和经济财政的中期展望》（2002 年 1 月 25 日）	《经济财政运营和构造改革的基本方针》（2006 年 7 月 7 日）
文本及相关指标	基本财政收支平衡相关指标	“基本财政收支动向” 1. 世界性金融危机和经济恶化导致日本经济以及税收收入跌入不可预测的水平，未来的不确定性增加。 2. 以在 2011 年度之前实现财政收支平衡为前提的收入改革，处于社会保障与税的一体化改革的探讨阶段，没有实施。今后，应着眼中期，将政策阶段延伸到 2010 年代中期。 3. 在财政收支状况急剧恶化的情形下，2011 年之前实现中央与地方基本财政收支平衡目标较困难。	“财政健全化目标” 1. 今后 10 年以内实现中央与地方政府基本财政收支平衡。由于债务余额处于世界范围内史无前例的高水平，应将债务利息支出包括在财政收支平衡范围内综合考虑，努力改善收支状况。 2. 考虑到当前经济财政运行状况，首先应使经济复苏，而在不到 5 年的时间内实现中央与地方基本财政收支（不包括经济对策资金）赤字占 GDP 的比重减半的目标需要探讨。 “财政健全化和实现安心社会” 按照“中期框架”和“2009 年度税制改正法”附则税制的根本性改革规定，采取切实有效的措施强化社会保障职能和确保其有稳定的财源。
	当前基本财政收支占 GDP 的比重	▲3.4（2008 年度）	▲3.9（2008 年度）
	后一年度基本财政收支占 GDP 的比重	▲4.2（2009 年度）	▲8.1（2009 年度） （不包括经济对策支出，为▲5.7）
	债务余额占 GDP 之比平稳降低	为阻止中央与地方债务余额占 GDP 之比不断恶化，使其平衡下降，是确保财政可持续的重要方面。第二次世界大战后第一次人口高峰期（1947 至 1949 年）出生的人口在 21 世纪 10 年代中期将成为年金领取者，在此之前，应采取切实的经济财政运营措施实现债务余额占 GDP 之比的平稳下降目标。	为确保财政的可持续性，财政健全化目标仍要将中央与地方政府债务余额占 GDP 之比放在重要的集团，至少使其在 21 世纪 10 年代中期不再上升，并在 21 世纪 20 年代初期平稳下降。

续表

		《构造改革和经济财政的中期展望》（2002 年 1 月 25 日）	《经济财政运营和构造改革的基本方针》（2006 年 7 月 7 日）
	计划年限	今后 10 年左右	
参考试算等	对象期间	2008 ~ 2018 年度	2008 ~ 2023 年度
	试算的前提	“比较试算” 按照“基本方针 2006”，分别以下情形进行试算。 1. 经济状况：顺利恢复/底部徘徊/迅速恢复 2. 社会保障：强化/基础年金国库负担比例提高到 1/2 且自然增长 3. 消费税：维持现状/提高（3% ~7%） 4. 支出：▲14.3 万亿日元削减且非社会保障支出维持现状/▲11.4 万日元削减且非社会保障支出随物价上升而增加。	与《经济财政的中长期方针和 10 年展望》（2009 年 1 月 19 日）的试算相同
	最终年度名义 GDP 增长率（%）	1.3 ~2.9 ~4.1（2018 年度）（各不同试算前提的结果）	1.3 ~2.3 ~4.2（2023 年度）（各不同试算前提的结果）
	最终年度实际 GDP 增长率	0.6 ~1.1 ~2.2（2018 年度）（各不同试算前提的结果）	0.7 ~1.2 ~1.9（2023 年度）（各不同试算前提的结果）
（参考）GDP 增长率	（名义）预计	▲1.3（2008 年度）	▲3.6（2008 年度）
	（名义）后一年度预测	0.1（2009 年度）	▲3.0（2009 年度）
	（实际）预计	▲0.8（2008 年度）	▲3.3（2008 年度）
	（实际）后一年度预测	0.0（2009 年度）	▲3.3（2009 年度）

注：▲表示负数。

（二）“财政支出规模天花板”失效

如前所述，2010年引入的“财政中期框架”本质上是设定了一个“财政支出规模天花板”，但从实际财政运行情况看，其设定的71万亿日元的“天花板”在预算编制时的确形成了约束力，但由于日本预算制度中“补充预算”形式的存在，最终在决算阶段“财政支出规模天花板”均被突破。安倍内阁2013年8月制定的“中期财政计划”，没有继续采用“财政支出规模天花板”手段。

（三）中期财政框架预测方法存在问题

1. “试算”对财政支出没有约束

无论是财务省的“后年度影响试算”还是“内阁府试算”，都不过是单纯的预测数字，对财政支出没有形成直接的约束。另外，两个“试算”一般于每年的1~2月份发表，而政府预算草案却是在12月末形成，这意味着“试算”不过是被动地以编成的预算为基础，对未来财政收支的预测。

2. “试算”的结果与实际存在较大偏差

“试算”结果不佳，与财政运行实际结果存在较大偏差。例如，经济增长率与失业率的“试算”不准确，财政支出中的失业补贴支出数额将出现较大差异。当然，由于实际经济财政运营中存在的不可控因素，预测结果不可能完全准确，但努力缩小预测与实际的差距是重要的。特别是财政支出中占绝对比重的社会保障相关支出，在相对正确的预测基础上，更容易形成有效的政策。

下面我们以2005年预算为例①，看看“试算”与实际的偏差程度（“后年度收支影响试算”数据。“内阁府试算”同样存在较大偏差）。一般会计支出预测偏差值，一年前的预测（2003年发表）约为5%，2年前（2002年发表）的预测约为7%，3年前（2001年发表）的预测约为10%；扣除地方交付税与国债费后，同口径的一般财政支出预测偏差值分别约为4%、6%和8%；国债支出的预测误差约为10%，税收的预测误差最高达20%；预测误差最高的是财政赤字，1年前预测误差约为25%，2年前预测误差约为35%、3年前预测误差更是高达

① 限于资料与数据的获得与处理难度，这里引用了田中秀明：（《財政ルールと財政規律—予算制度の計量分析—》，一橋大学経済研究所世代間問題研究機構，ディスカッション？ペーパー，CIS-PIE DP No.461）较早期的研究成果，目前“试算”与实际存在的偏差状况仍未能解决。

约40%。

（四）几点启示

日本中期财政框架对预算的约束程度有限，执行不够理想。其根源在于：一是中期财政框架没有上升到法律的层面，约束力不强。日本的中期财政框架以内阁决议的形式确定，不需要国会审议通过，没有上升到法律的层面，约束力大打折扣。在依据中期财政框架的目标确定年度预算支出时，经常遭遇无处入手压缩预算的情形，由于各省厅对既得利益的执著，压缩项目支出经费困难重重。二是“补充预算”的存在，使预算膨胀有了便利的通道。每年中央预算编制经国会审议通过后，在执行过程中发生所谓的“不可抗力”原因导致预算增加时，可以通过“补充预算”进行预算追回，而补充预算是不需要经由国会审议通过的，导致预算规模很难控制。三是制定中期财政框架的宏观预测数据准确度不够，导致计划本身存在问题。宏观预测数据是切合实际的计划的基础，而预测数据偏离实际较大，使实际预算执行中增支减收因素估计不足，突破计划则很难避免。

事实上，中期财政框架的根本意义就在于对财政预算产生显著影响，严格财政纪律，而前提条件是中期财政框架应按期运行。从日本的经验看，中期财政框架成功按期运行并不容易，这对我国正在试行的中期财政规划编制工作提供两个参考维度。一是规划是否具有较强的约束力，是否可以突破，是否需要上升到法律的层面。二是用于编制规划的数据基础是否牢固，用于预测的宏观经济数据如何提高精度。可以说，只有真正解决这两个问题，中期财政规划才有意义。

第十一章 韩　国

一、基本情况

（一）中期预算编制机构及其职能

早在20世纪80年代，韩国就已经有建立中期财政框架的意识，中期预算的编制始于1982年，但当时仅作为不对外公开的内部资料使用，内容上也仅停留在只是指示出大概的政策方向，建立并强化了“支出规模必须在收入框架下”的财政纪律，为中期财政计划中支出上限的设置奠定了财政纪律基础。随后，为应付1997年的金融危机，韩国也曾在1998年试图进行中期财政框架的实践。但由于缺乏“自上而下”的预算体系，忽略年度拨款过程，导致1998年的改革尝试只是2004年国家财政计划的预演。但在此过程中韩国对财政各项措施及其体系所进行分项、分步的调整，如2000年中期引入的绩效预算改革、1999年开始的项目可行性的预审等规范了机构预算行为，加强了正式财政程序，都为之后韩国发展国家财政计划（2004 ）实施及其未来发展铺就了一条康庄大道。这些断断续续的、渐进的中期财政框架建构的持续努力，虽然并未形成完整的中期财政框架（如2004国家财政计划）来对预算平衡进行规范，但也对2004年之前的韩国财政稳定产生了不可忽视的影响。在卢武铉政权时期，从2004年开始重新编制新的中期预算。2004年首次制定国家财政运用计划。2014年政府被要求必须最晚于每年预算年度开始的90日前向国会提交中期预算。2015年政府必须最晚于每年预算年度开始的110日前向国会提交中期预算。2016年政府必须最晚于每年预算年度开始的120日前向国会提交中期预算。

韩国中期预算的名称为“国家财政运用计划”，以5年为单位滚动，建立中期财政规划将中长期国家发展战略具体化并向国会上报。中期预算制定机构为2008年成立的企划财政部。企划财政部由财政经济部和企划预算处合并而来。李明博时期，企划财政部合并了原财政经济部和企划预算处的职能。目前企划财政部的职能主要包括：规划和建立国家中长期发展战略；制定和协调经济财政政策；编制、执行、管理预算及基金运用计划案并监督审查预算支出；对税收、关税、国库、政府会计、彩票和公共基金管理方面的政策进行改进和管理；推动财政改革与公共改革创新；制定和实施国际金融和外汇政策，并加强国际金融合作；促进与发达、发展中国家的经济合作，并制定有利于韩国自由贸易协定的措施。

韩国地方中期预算由广域及基础自治团体编制。其对象是地方自治团体的单独事务、国库补助项目、全额国库投资项目、吸引民资项目等。时间跨度为5年，第一年为当年预算，第二年提出预算编制标准，第三年以后具有发展计划的性质。地方中期预算必须经过中央相关部门的研究商讨，财政经济院内务部制定并指示地方中期预算的编制方针，各自治团体以此为依据，编制市道的中期预算。地方自治团体编制好的中期预算必须向地方议会报告，并向内务部长官汇报。内务部以地方自治团体的预算为基础，经过和相关中央行政机构协商制定综合性的地方预算草案，并向国会报告。

（二）中期预算编制流程

目前韩国中期预算编制程序如下：

1. 2013年12月，确立编制方针。企划财政部于2013年12月确定《2014～2018年国家财政运用计划制定方针》，并通报各部门。各部门根据方针，于2014年1月末向企划财政部提交本部门中期事业计划书。

2. 各领域分科委员会举行公开讨论会。2014年2月开始，政府、学界、社会等15个领域参的专家组成小组委员会就政策方向和主要焦点问题进行了深入讨论。另外2014年6月5日，围绕福利、安全、中小企业等国民关注程度较高的10个领域举行公开讨论会，征求今后5年里的财政运用方向向各界人士收集意见。

3. 2015 年预算议案提交到国会。2014 ~2018 年国家财政运用计划在各领域分科委员会、公开讨论会及相关部门之间的协商后，经过财政政策咨询会议及经过国务会议提交到国会。

（三）中期预算编制依据

韩国《预算和会计法案》中没有要求预算文件中要包括任何关于中期预算总额的信息，因为其现行的预算程序主要都是关于一个财政年度的。但是，《预算和会计法案》中规定，企划财政部可以编制一个中期财政计划，以提高财政管理的效率和可持续性（第 16 条）。根据这一规定，韩国自从 20 世纪 70 年代开始公布中期财政计划。中期财政计划只是非正式的指导原则，并不是具有法律约束力的限额。中期财政计划的主要内容是统一中央政府的总赤字和五年期的财政战略。宏观经济框架是预测的基础，但是，中期财政计划中详细阐述的是总赤字，而不是财政总额和宏观经济框架。宏观经济规划是预算编制的基础，但是，《预算和会计法案》中没有具体规定哪个部门负责宏观经济规划。《政府组织法案》规定，企划财政部要在编制年度经济政策中进行宏观经济规划，企划财政部要提供有关资料。预算文件中只包括关于预算年度的宏观经济预测。

二、主要内容

（一）中期预算的内容

韩国国家财政管理计划每年更新，其包含的年限为 5 年，如编制 2015 年政府预算案时，2014—2018 年的国家财政管理计划随之出台。编制 2016 年政府预算案时，2015—2019 年的国家财政管理计划随之出台，以此类推。

国家财政管理计划的内容包括：财政运行的基本方向及目标、中长期财政展望、财源分配计划及投资方向（分领域）、财政规模增长率及其根据、税收负担率及国民负担率的展望、综合财政收支的展望等。单年度预算要基于中长期展望来编制。

具体而言，包括 3 个部分：概述和评估、内容、财政管理体系改革。首先，概述和评估。它涉及计划的目的和过程，以及财政管理中对预算估值和评估。该部分主要是为了提供清晰和完整的国家财政管理图景。其次，主要内容，即社会经济变化，国家宏观政策，财政支出规模及其上限，资源收集方向，和接下来5年的部门投资计划。其中，职能部门支出上限和部门项目都基于宏观经济预测、中长期的财政需求，国家政策优先项和主要项目投资计划来动态预估当年和未来几年的收支限制。最后，财政管理体系改革。这部分是为了塑造财政权威以提高公共财政效率和稳健程度，主要聚焦于先前年份的实际绩效。目前包括财政管理改革的评估，即“自上而下”法案的建立等（Ministry of Strategy and Finance，2013：29）。这些宏观和微观的经济收入、需求、政策优先项的预测并未像欧盟《稳定与增长公约》那样设定一个具体的百分比预警线或不变的支出上限，而是根据当前的经济、绩效、需求的波动以及对未来的展望进行设置[①]。

如2014～2018年国家财政运用计划目录分为五个部分：国家财政运用计划的意义、2014—2018年经济与财政运营条件、2014—2018年财政运营方向、12大领域投入方向、提高财政健全性的推进战略。内容长达220页之多。

（二）中期预算编制方法

前文已提到，中期预算在韩国的名称为国家财政运营规划（NFMP，National Fiscal Management Plan），其编制是自上而下的，采用的模型为基准瑞典模型（直译，该模型英文名称Benchmarked Swedish model）。

韩国中期预算的编制需要根据宏观经济预测和长期财政管理规划，预测实现财政政策目标的宏观经济变量，同时需要考虑社会、政治和国际因素。在组织机构上，强化企划财政部（MPB，Ministry of Planning and Budget）的职能，并需咨询财政经济部（MOFE，Ministry of Finance and Economy）、央行和公共以及私人研究机构的意见，强化企划财政部的宏观经济分析能力和制度协调能力。

关于预算的分配，需按照国家政策优先程度在部门之间分配预算，且分配的前提是根据上年度绩效评价信息及突发事件情况。经企划财政部和总统磋商，综合考虑预算总额、部门预算上限以及主要的国家政策，利用2天的时间达成共识。各部门在上报预算时也必须遵守规定好的部门预算上限，符合行业政策重

① 张岌：“后危机时代的韩国预算改革：通往财政可持续之路”，《公共行政评论》，2014年第3期。

点。企划财政部需指导各部门编制预算时利用了统一的工具进行分析、统计。最后企划财政部还将对各部门是否严格遵守部门预算上限进行审核，积极协调各部门，并让总统充分参与。

三、简要评述

（一）中期预算发挥的作用

国家财政运营规划，预算期为 5 年，将中长期国家发展战略具体化并向国会上报。从绩效管理观点来看，由于必须将中期战略规划和政策中指向的绩效管理与预算的效率分配有机地联系起来，所以国家财政运营规划的意义凸显。

韩国在两次危机后的迅速复苏，都充分反映了它的财政稳健程度。韩国在 2003 年制定了大刀阔斧的财政改革计划，在世界银行专家的帮助下，于 2004 年正式启动了财政预算改革计划。韩国国家财政管理计划是整套财政预算改革计划中最基础、最重要的一步。中期财政框架建立良好的预算过程，保证了良好的财政规则。韩国年度预算置于中期支出框架之中，保持了财政可持续性。

（二）中期预算与年度预算的关系

每年提交的国家财政运营规划，并不需要立法机关的正式批准。立法机关只是了解这方面的信息，并不会对总额进行正式审批。韩国《预算和会计法案》中没有要求预算文件中要包括任何关于中期预算总额的信息，因为其现行的预算程序主要都是关于一个财政年度的。但是，《预算和会计法案》中规定，计划与预算部可以编制一个中期财政计划，以提高财政管理的效率和可持续性（第 16 条）。根据这一规定，韩国自从 20 世纪 70 年代开始就公布中期财政计划。但是，中期财政计划中详细阐述的是总赤字，而不是财政总额和宏观经济框架。

企划财政部一般于当年 9 月份公布次年预算及国家财政运营规划（中期财政规划），公布内容主要包括两部分：一是次年预算的主要内容，主要包括次年预算的基本方向、预算金额等。二是中期财政规划，包括中期财政规划的意义、中期财政展望规模等。单年度预算和中期财政规划是紧密联系在一起的，单年度预算是在中期财政规划框架内的年度预算。2016 年政府预算案及 2015—2019 年国家财政运用计划的发布时间是 2015 年 9 月 8 日。国家财政运用计划中第一年的数据一般反映的都是次年的预算。如 2014—2018 年国家财政运用计划中 2014 年的数据反映的是 2014 年的预算。2015 年、2016 年的数据则是依据宏观经济形势进行的一个预测。

（三）中期预算的效果

国家财政运用计划的引入取得了一定的成果，脱离了单年度预算编制，强化了战略性财源分配功能。亚洲金融危机后，韩国通过调整金融结构，扩充社会安全网，出台经济刺激政策等使得财政支出一时期大幅增加，赤字不断累积，同时还面临老龄化及国防支出不断扩大的资金需求。于是，维持财政健全性成为财政运营的紧要课题。在此背景下，2004 年 9 月韩国财政预算当局公布了《中期国家财政运营计划（2004—2008）》（MTEF）。MTEF 和包括预算编制与基金运用在内的财政投资计划联动起来运行。

MTEF 是基于预算编制过程中的中长期宏观经济预测，分析财政风险，从而决定政策实施的优先程度，强化和预算执行的联系。其最大特点是由历来以单年度为中心的预算编制向跨年度编制发展。将经济形势好的时期增加的财政收入用于经济下行时扩大支出及压缩债务，以弥补宏观经济预测的失误及防范经济波动，保持中长期财政支出在一定的水平。因此，MTEF 具有经济调节功能。同时，由原来的单年度均衡目标向跨年度均衡目标的转换也客观上允许了一定时期内赤字的存在。

MTEF 被评价为是迈向财政健全化的大胆尝试，但其内容也并非万全。其存在的最大问题是，对完成计划目标过于乐观，特别是财政收入计划。如在计划期间以实际经济增长率为 5%（名义增长率为 8%）为前提，提前设置了收入增长，但实际上通过经济状况观察设定如此高的经济增长率极有可能是有问题的。计划本来是随着宏观经济状况每个年度加以灵活运用，但若当初的目标增长率不能实现，且与之相符的收入增长不能实现，一定的支出增长也是有困难的。这样，只能从其他财源调配，那么不透明性就会大大增加，不仅如此，在不增税的前提下坚持扩大财政支出的话只能是诱发公债的增发。

从分领域的财源分配来看，优先支持社会福利、教育等社会开发领域，国防与统一领域、地方财政等，对 SOC 及中小企业政策等经济开发领域的财政支持较弱。MTEF 虽然是为了维持财政健全性、持续性的计划，但它对实际的增长引擎的支持却是消极的。

预算编制、执行中也进行了一系列行政改革。在 MTEF 引入的同时，预算编制和执行过程中引入了成本意识，其中代表性的制度是“预算总额分配自律编制制度”。总额分配与自律编制制度与现行单年度预算编制方式不同，第一，财政当局立足于经济社会条件的变化和国家发展战略，以资源分配规划为依据，提出了各年度财政规模、各部门、中央机关及领域的支出限额。第二，各部门立足于有关政策和优先顺序，在支出限额内，按项目自律分配财源。首先，预算当局事先分别设定各省厅、领域的预算总额最上限。各省厅在此财源范围内自觉进行预算编制，设置最上限的目的是改变历来预算编制中要求过多的惯例，进行恰当的预算编制。制定量化成果指标，预算执行后将其效果、评价向外公布，反映在下次的预算编制中。

（四）未来改革方向

对本国经济前景乐观，导致国家财政运用计划可信赖度降低，法律约束力较弱等问题被频频指出。针对这些问题，韩国正在研究讨论财政纪律法制化。在国会预算政策处的分析国家财政运用计划的报告中也提到，韩国通过国家财政法和国家财政运用计划的规定，进行收入、支出、国债等的管理，但实际上只是徒有表面上的规定约束力不强，建议有必要引入更有法律约束力的制度。国会也开始研究多项关于严肃财政纪律（包括赤字、债务余额及支出规定）的法律提案。

第十二章　印　　度

印度从 2003 年开始实施“中期财政框架”，也就是说只是在某些部门试点中期预算框架，到现在仍然是这样的状态，根据世界银行归类属于中期预算的第一阶段①。

一、基本情况

（一）中期预算编制机构与职能

1. 中期预算由财政部负责编制

印度中期预算编制工作由财政部经济事务司（Department of Economic Affairs）预算处（Budget Division）财政责任和预算管理室（FRBM② Section）负责。

印度财政部由经济事务司、支出司、收入司、融资服务务司、投资回收司组成，主要负责外汇管理、经济发展方面的国外援助、国内金融、预算、经济管理、相关法案、公共收支、中央政府股权出售、相关的保险、银行、养老金改革等相关事务。

财政部经济事务司预算处的主要职责如下：（1）在编制预算估计数和调整

① 世界银行，《超越年度预算》，中国财政经济出版社 2013 年版。

② FRBM 是 Fiscal Responsibility & Budgetary Management 的缩写，意思是财政责任和预算管理。

估计数、相关报告、各种预算报告的附件等的过程中，详细审核收入和支出估计数；（2）编制和向国会提交中央政府预算（不包括铁路）以及补充拨款的请求和追加拨款的请求；（3）处理与公共债务相关的问题，为中央政府借款监督中央政府财政状况等；（4）履行"财政责任和预算管理（FRBM）法案2003"（2012年进行过修订）及其管理框架所规定的相关管理职责。预算处下设13个科，分别是会计科、协调科、拨款科、财政责任和预算管理室、国家储蓄一科、国家储蓄二科、公共债务科、报告科、邦科、补充拨款科、方法和手段科、预算新闻科、北印一至四科。

财政部经济事务司预算处财政责任和预算管理室的主要职责包括：（1）编制"财政责任和预算管理报告"（FRBM Report）；（2）编制"中期支出框架报告"（Medium Term Expenditure Framework（MTEF）Statement）；（3）编制与预算相关的收入和支出的季度趋势评估报告；（4）编制信息披露报告，例如资产登记等。

2. 中期预算还需相关单位的配合

中期预算由财政部负责编制，但是也需要其他相关单位的配合，例如相关部委或机构要按照规定的格式将收入和支出的估计数的详细情况提供给财政部经济事务司预算处的各相应科室，经预算处详细审核后进行统一合并。

（二）中期预算的内涵及其编制的法律依据

印度中期预算指的是两份报告：一是财政责任和预算管理报告，二是中期支出框架报告。财政责任和预算管理报告是根据"2003年财政责任和预算管理法案"的要求而编制的，包括三份政策报告，分别是中期财政政策报告（Medium Term Fiscal Policy Statement）、财政政策战略报告（Fiscal Policy Strategy Statement）和宏观经济框架报告（Macroeconomic Framework Statement）。中期支出框架报告是根据"财政责任和预算管理法案修正案"（Amended FRBM Act）的要求编制的，编制原因是财政责任和预算管理报告难以很好地在中长期限制支出、赤字和债务。中期支出框架，根据特定的预测和风险，为多项支出指标设定滚动的3年期目标（见表12-1）。

"2003年财政责任和预算管理法案"及其构建的规则框架是中期预算编制的法律依据。法案规定，中央政府有责任保证财政管理的代际公平和宏观经济的长期稳定。中央政府要通过实现足够的收入性盈余，增强货币政策的有效性和强化审慎的债务管理来履行该职责。审慎的债务管理与财政可持续性是一致的，为实现这个目标，需要限制中央政府的借款、债务和赤字水平，增加中央政府财政工作的透明度，在中期框架内实施财政政策以及其他相关事务。“2003 年财政责任和预算管理法案”要求，财政责任和预算管理报告要包括上述的三份政策报告。“财政责任和预算管理法案修正案”（Amended FRBM Act）要求，财政责任和预算管理室负责编制“中期支出框架报告”。

（三）中期预算编制过程

预算估计数由各部委和机构报财政部预算处各科室审核并由预算处负责汇总。收入和支出的估计数的详细情况，由相关部委或机构按照规定的格式编制并提供给预算处的各相应科室。印度财政部经济事务司预算处负责在编制预算估计和调整估计、相关报告、各种预算报告的附件的过程中详细审核收入和支出估计。这些估计被详细审核后进行统一合并。

财政部预算处财政责任和预算管理室负责编制中期预算，即“财政责任和预算管理报告”以及“中期支出框架报告”。这两份报告分别按照“2003 年财政责任和预算管理法案”和“财政责任和预算管理法案修正案”的要求编制。例如，按照“财政责任和预算法案”的条款 2（5）、3（4）、3（3）和 3（2），财政责任和预算管理报告要反应在特定的假设条件下，经济的增长前景以及政府财政战略的要点，并对四项财政指标设立三年滚动目标。这四项财政指标（以市场价值计算的财政指标占 GDP 的比重）分别是：（1）收入性赤字占 GDP 的比重；（2）财政赤字占 GDP 的比重；（3）税收收入占 GDP 的比重；（4）债务占 GDP 比重。

编制完成的中期预算分别呈送议会。“财政责任和预算管理报告”与年度财政报告（the Annual Financial Statement）和拨款请求（Demands for Grants）一起提交给国会审议。“中期支出框架报告”在预算提交给国会讨论后，立即提交给国会两院。

（四）中期预算编制方法

“财政责任和预算管理报告”根据特定的假设，在对经济的增长前景进行预测、对政府财政战略进行规划的基础上，对四项财政指标（收入性赤字占 GDP 比重、财政赤字占 GDP 比重、税收收入占 GDP 比重、截至年底待偿还债务总额占 GDP 比重）设立三年滚动目标。

“中期支出框架报告”根据特定的预测和风险（见上文），为多项支出指标设定滚动的 3 年期目标（见表 9－1）。在中期支出框架报告中，中期支出框架基本上被假定为支出是纵向扩张的，也就是说支出是不断增加的。

二、主 要 内 容

如前文所述，印度中期预算指的是两份报告：一是财政责任和预算管理报告，二是中期支出框架报告。财政责任和预算管理报告是根据“2003 年财政责任和预算管理法案”的要求而编制的，包括三份政策报告，分别是中期财政政策报告（Medium Term Fiscal Policy Statement）、财政政策战略报告（Fiscal Policy Strategy Statement）和宏观经济框架报告（Macroeconomic Framework Statement）。下面将各报告的主要内容进行简要介绍。

（一）宏观经济框架报告[①]

宏观经济框架报告包括以下 10 个方面的主要内容：

1. 经济概况

印度经济是世界经济的一个亮点，是世界增长最快的主要经济体之一。根据中央统计办公室（the Central Statistics Office）的预测，2015/2016 财年，印度以不变价格计算的 GDP 增长率为 7.6%，比之前 3 个财政年度的增长率都要高。之前年度 GDP 增长率分别为 2014/2015 财年的 7.2%、2013/2014 财年的 6.6% 和 2012/2013 财年的 5.6%。值得一提的是，这个增长率是在全球需求下降对印度出口带来严重负面影响以及连续 2 年季风低于正常水平影响了农业产出和生产率的情况下取得的。印度宏观经济的稳定在坚持财政审慎原则、低通胀、经常账户低赤字、外汇储备充足的情况下不断得到强化。

---

① MOF of India, Macro - economic Framework Statement 2016/2017, http: //www.indiabudget.nic.in/ub2016/2017/frbm/frbm1.pdf.

2. GDP 增长

上文已经提到，2015/2016 财年，印度 GDP 增长率为 7.6%，高于上一年的 7.2%。2015/2016 财年，农业、工业和服务业的增长率预计分别为 1.1%、7.3% 和 9.2%，说明工业增长有所回升，其中很大一部分由制造业拉动，制造业的预计增长率为 9.5%。农业连续第 2 年受季风不足的影响，增长偏低。

3. 农业

2015 年受西南季风控制的时段，印度降雨量比长期平均水平低 14%。因此，受季风影响，农产品的产量偏低。

4. 物价

2015/2016 财年，整体物价水平平稳。印度原油价格明显下降对持续了 2 年的整体通胀水平的下降有所贡献。以 CPI 为基准的通货膨胀率在 2015/2016 财年（4 月到 1 月）下降到 4.9%，2014/2015 财年的通胀率为 5.9%。

5. 工业和服务业

根据工业产品指数（IIP：the Index of Industrial Production）显示，工业产出有所回升。2015 年 4 月到 12 月，IIP 增长为 3.1%，高于上年同期的 2.6%。

根据先期预测的结果，2015/2016 财年，以可变价格计算的印度增加值中，服务部门的增加值占 53.3%，预计增长率为 9.2%（以不变价格计算）。

6. 货币政策

RBI 的货币政策在 2015 年 1 月 15 日有所调整，回购债券利率下调了 25 个点，降至 7.75%，随后又累计下调了 100 个基点，分别是在 2015 年 3 月 4 日和 6 月 2 日分别下调了 25 个基点，在 2015 年 9 月 29 日又下调了 50 个基点。RBI 将回购债券利率维持在 6.75%，下次政策评估时间是 2016 年的 2 月 2 日。

7. 银行和金融机构

商业银行（SCBs：the scheduled commercial banks）在 2015/2016 财年仍然不景气。2011/2012 财年以来，银行资产负债表的增长下滑，在 2015/2016 财年这种下滑状态仍然没有发生改变。

8. 外贸

由于全球商品价格的下降和需求的疲弱导致全球贸易额下降，因此 2014/2015 财年，印度出口额下降了 1.3%，为 3103 亿美元。2015/2016 财年（4 ~ 1 月）出口额增长率与上年同期相比下降了 17.6%。2014/2015 财年，印度进口下降了 0.5%，为 4480 亿美元。2015/2016 财年（4～1 月）进口额增长率与上年同期相比下降了 15.5%，为 3245 亿美元。

9. 中央政府的财政状况

2014/2015 财年，政府决定实施积极财政政策并承诺巩固的财政措施，这为实现设定的当年财政赤字占 GDP 4.1% 的目标提供了可能。2015/2016 财年，预算设定的财政赤字和收入性赤字分别为 555649 千万卢比（GDP 的 3.9%）和 394472 千万卢比（GDP 的 2.8%）。2015/2016 财年预算估计（2015/2016 B. E.）对有效收入性赤字（effective revenue deficit），即收入性账户的余额（收入性账户的收入 - 支出）减去资本性支出拨款的估计是 283921 千万卢比，相当于 GDP 的 2.0%。

10. 前景展望

2015/2016 财年的前 3 个季度经济运行良好，表现为经济增长提高、通胀较低、经常账户赤字可控、外汇储备高、税收收入增加、政府推进的一系列重大改革（如银行、基础设施、能源、税收领域改革）吸引了更多的国外投资，因此近期的经济前景是光明的。当然，也存在风险：全球经济增长的放缓，中国经济增长的放缓和再平衡，金融市场波动的增加，美国货币政策的逐渐收紧。综合来看，2016/2017 财年，印度名义的经济增长率有望在 11% 左右。

（二）中期财政政策报告①

中期财政政策报告的结构如专栏 12 - 1 所示，具体内容详见下文。

专栏 12 - 1　　中期财政政策报告的结构

A. 财政指标占 GDP 比重的滚动目标

2016/2017 到 2017/2018 财政年度的财政展望

B. 对下述财政指标的预测

1. 收入性收入

(a) 税收收入

(b) 对邦的转移

① MOF of India, The Medium Term Fiscal Policy Statement，印度财政部网站。

(c) 非税收入

2. 资本性收入

(a) 贷款和预付款的变动

(b) 其他非债务资本性收入

(c) 借款－公债及其他债务

3. 总支出

(Ⅰ) 收入账户（收入性支出）

(ⅰ) 计划内收入性支出

(ⅱ) 计划外收入性支出

(a) 利息

(b) 国防

(c) 养老金

(d) 对邦的计划外拨款

(e) 主要的补贴

(Ⅱ) 资本性支出

4. GDP 增长

C. 对财政可持续性的评估

(ⅰ) 收入性收入和收入性支出的差额

(ⅱ) 资本性收入的使用包括为创造生产性资产进行的借款

资料来源：MOF of India, The Medium Term Fiscal Policy Statement，印度财政部网站。

1. 财政指标占 GDP 比重的滚动目标（见表 12－1）

表 12－1　　主要财政指标占 GDP 比重的目标（现价）

	2014/2015 调整的估计数	2015/2016 预算估计数	目标	
			2016/2017	2017/2018
1. 实际的收入赤字	1.8	2.0	1.5	0.0
2. 收入赤字	2.9	2.8	2.4	2.0
3. 财政赤字	4.1	3.9	3.5	3.0

续表

	2014/2015 调整的估计数	2015/2016 预算估计数	目标	
			2016/2017	2017/2018
4. 税收总收入	9.9	10.3	10.5	10.7
5. 年底待偿还债务总额	46.8	46.1	44.7	42.8

注：（1）“GDP”是依据2004/2005财年开始的新序列按市价计量的国内生产总值。

（2）“待偿还债务总额”包括以当前汇率计算的外债。为预测，假定汇率不变。债务不包括部分国家社会保障基金（NSSF，the National Social Security Fund）和全部的市场稳定计划（MSS）的债务，同时这些债务也不计入中央政府赤字。

资料来源：MOF of India，The Medium Term Fiscal Policy Statement，印度财政部网站。

第14届财政委员会的决议已经成为2015/2016财政年度预算的主题之一。本中期财政政策报告基于新的政府优先权和遵照第14届财政委员会建议的中央与邦之间财政关系的变化而进行了必要的更新和调整。

在讨论财政政策报告时，政府已经开始进行了必要的制度改革来实现合作联邦主义，方法是由国家改革印度学会（NITI，National Institute for Transforming India）取代计划委员会（Planning Commission），重新设计了很多中央政府资助的计划等。通过大幅提高税收收入中邦的份额，财政委员会通过中央和邦共同承担责任而扩大了发展计划的范围。

尽管修改了路线图，2015/2016财政年度，预算向财政巩固的方向更近了一步（见表12－1）。从趋势上看，2015/2016财政年度，税收总收入的估计值比2014/2015财政年度调整的估计值增长了15.8%，税收收入为占GDP的10.3%。2015/2016财政年度，总支出的估计值比2014/2015财政年度调整的估计值略为增长5.7%，达到GDP的12.6%。财政规定要求，到2015年3月31日，实际收入赤字为零，收入赤字控制在2%。

2. 对下述财政指标的预测

（1）收入性收入

①税收收入。尽管本年度经济增长有所恢复，但是税收收入的压力依然存在。总的来说，2014/2015财政年度调整的税收总收入增长率的估计数被下调到了8.3%，税收收入占GDP的比重从预算估计的10.6%下调到9.9%。同样，

2015/2016 财年的预算中，税收总收入估计为 GDP 的 10.3%，增长率将低于 2014/2015 财政年度调整的增长率估计数（15.8%）。对于 2015/2016 财政年度的预测基于经济复苏的现实情况以及 2014/2015 财政年度预算宣布的一揽子税收措施的持续影响。预测也依据以严格实施为目标的管理机制改革将产生良好的效果。

②对邦的转移支付。2015/2016 财年是第 14 届财政委员会决议实施的第一年。财政委员会提高了税收收入分享中邦的份额，正在向合作联邦主义迈进。邦级政府可以分享 42% 的共享收入，这说明，邦税收收入有望从 2014/2015 财政年度的 3.38 万亿卢比到 2015/2016 财政年度增加到 5.24 万亿卢比，这将是大幅跃升。有意思的是，中央税收收入占 GDP 的比重将从 2014/2015 财年的 7.2%（调整的估计值），到 2015/2016 财年将下降到 6.5%（预算数），到 2016/2017 和 2017/2018 财政年度将分别小幅上升到 6.7% 和 6.8%。

③非税收入。2015/2016 财年预算中，非税收入估计占 GDP 的 1.6%，比 2014/2015 财年调整数增加了 1.8%。经过对非税收入影响因素的分析后预测，2016/2017 和 2017/2018 财年非税收入预计分别占 GDP 的 1.5% 和 1.4%。

（2）资本性收入

①贷款和预付款的偿付。总体来看，此项资本性收入有所下降，在 2014/2015 财政年度预算估计该项收入为 1052.7 亿卢比，之后调整到 1088.6 亿卢比。估计 2015/2016 财政年度该项收入为 1075.3 亿卢比。估计 2016/2017 和 2017/2018 财政年度该项收入都为 1050 亿卢比。

②其他非债务资本性收入。此项收入的主要来源是政府资产的出售所得。从 2013/2014 财政年度开始，政府决定设立特别基金，从此政府资产出售的收入将只能用于特殊授权的用途。经进一步发展，收入不能用于正常的政府支出。2014/2015 财政年度调整的资产出售收入为 3135 亿卢比。2015/2016 财政年度的一般预算，资产出售收入估计 4100 亿卢比。在中期框架中，估计 2016/2017 和 2017/2018 财政年度该项收入分别为 5500 亿卢比和 5000 亿卢比。

③借款——公债和其他债务。政府债务占 GDP 的比重将在最近几年中持续下降。在 2014/2015 财政年度末，中央政府净债务占 GDP 比重估计为 46.8%，到 2015/2016 财政年度末，该比率将降到 46.1%。随着财政巩固和控制赤字措施的实施，在 2016/2017 和 2017/2018 财政年度中央政府净债务占 GDP 的比重

可能进一步分别下降到44.7%和42.8%。

（3）总支出

①收入账户（收入性支出）

与计划相关的收入性支出。财政委员会和邦在计划的设计和实施上更有主动权，邦在发展计划上承担了更多地责任。在新的范例下，计划支出将进行调整，有必要平稳过渡。2015/2016财政年度，计划支出预算数为4.7万亿卢比，占GDP的3.3%，比上一财年的调整数低0.6%。由于转移支付的增加，中央的资金变少了，但为了满足社会和福利计划的支出需求以及向转轨过程中处于实施阶段的计划提供资金，仍然为发展支出需求准备了额外的资金。由于财政巩固政策的实施以及收入分享比重的下降，中央计划和非计划支出占GDP比重将下降。预计计划支出占GDP的比重在2015/2016和2016/2017财政年度将分别为2.9%和2.7%。

非计划收入性支出。非计划支出包括基础设施支出、利息支出、国防支出、补贴、对邦的法定拨款和其他。2015/2016财政年度，非计划支出估计13.1万亿卢比，比2014/2015财政年度的预算数高7.6%，比该年度调整数高8.2%。根据预测，2015/2016和2016/2017财政年度，非计划支出占GDP的比重分别是9.2%和8.9%。

②资本性支出

2015/2016财政年度，资本性支出9458.8亿卢比，比2014/2015财年调整数增长15.4%。根据预测，2016/2017财年，资本性支出的名义增长率为15.9%，2017/2018财年，增长率预测为9.1%。

（4）GDP增长

中央统计办公室（CSO－Central Statistics Office）最近对GDP核算的基础财年进行了调整，数据因此有所变动。预计经济出现增长势头，在价格稳定和政府改革措施的影响下，以现价计算的GDP有望在2015/2016财政年度实现11.5%的增长（实际增长率为8.5%，隐含的通货膨胀率为2.8%），达到141.1万亿卢比。随着增长的加速以及预测价格将持续维持平稳，现价计算的GDP增长率在2016/2017和2017/2018财政年度有望分别达到12.2%和12.4%。

3. 对财政可持续性的评估

（1）收入性收入和收入性支出的差额

2014/2015 财年，非计划支出占政府收入性收入的比重调整后的估计数为 107.7%，说明借款也被用于了消费性支出。这种不平衡需要得到调整，以保证财政资源能更多地用于发展性事务。但是，由于 2015/2016 财年中央收入性收入因对邦转移支付比重的提高而减少，估计非计划支出占收入性收入的比重将会上升到 114.9%。利息支出的增加，包括第七次支付委员会、补贴和国防支出的影响，使得运行成本（establishment cost）抬高了非计划支出。财政巩固措施和更高比重的转移支付份额使得非计划支出占收入性收入的比重进一步上升。但是，向前看，可以预期随着收入的增长和对非计划支出的控制，将会扭转非计划支出占收入性收入比重高的状况，使得非计划支出控制在财政可持续性的要求之内。因此，在中期，非计划支出占收入性收入的比重将减少到 112.4% 和 108%。

收入性赤字近年来不断下降，2014/2015 财年调整的收入性赤字预计为 2.9%，离 2015 年 3 月 31 日设定的 2% 的目标还有一定的差距。而且，在正常情况下，财政框架预测收入性赤字为 2.4%，比新的财政责任和预算管理（FRBM）规定的限额高 2%。值得注意的是，2016/2017 财年收入性赤字预测为 2.0%，将实现财政责任和预算管理（FRBM）设定的目标。

（2）资本性收入的使用（包括为创造生产性资产进行的借款）

另一项评价政府支出质量的重要指标是计划支出占财政赤字的比重，该指标是借款调度的指示器。2015/2016 财年的预算中，计划支出总计 4.7 万亿卢比，占财政赤字估计数的 83.7%。受税收收入增加压力较大和非计划支出较高的影响，计划支出占财政赤字的比重预计将在 2016/2017 财年略微下降到 83.2%，在 2017/2018 财年将增加到 89.5%，表明公共资源投向发展方向，这是资源使用上的改善。财政改革的目标之一就是降低债务占 GDP 的比重，利息支出占中央税收净收入的比重在可持续的范围内，将可获得的珍贵的公共资源用于发展。

过去几年，资本性支出呈现下降趋势。资本性支出占总支出的比重在近年来降低到 12% 左右。有必要提高资本支出，以刺激投资并为增长增加动力。2015/2016 财年，资本性支出比 2014/2015 财年的调整数高出了 25.5%，根据预测，资本性支出占总支出的 13.6%，比 2014/2015 财年的比重高出了 11.4%。重要基础设施方面的资金，例如铁路和公路等等，还是十分充足的。

（三）财政政策战略报告[①]

印度联邦预算 2016/2017 公布了财政政策战略报告，财政政策战略报告的结构如专栏 12－2 所示，具体内容如下文。

专栏 12－2　　财政政策战略报告的结构

A. 财政政策评估

B. 2016/2017 财年的财政政策

（1）税收政策

直接税

服务税

关税和中央产品税

间接税

（2）支出政策

（3）政府借款和投资

（4）或有债务

C. 下一财年的战略优先事项

（2）支出管理的总原则

铁路预算

D. 政策评价

注：原文 C 中无（1）。

资料来源：MOF of India，Fiscal Policy Strategy Statement 2016－17，印度财政部网站 http：//www. indiabudget. nic. in/。

1. 财政政策评估

2015/2016 财年，政府宏观经济政策目标是推进上一财年启动的改革。政策不仅要实现培育稳定的宏观经济环境，还要促进增长的恢复。2014/2015 财年启动的改革包括解决如下问题所采取的措施：消除经济的瓶颈，解决结构性制约，

① MOF of India，Fiscal Policy Strategy Statement 2016－17，印度财政部网站 http：//www. indiabudget. nic. in/。

促进工业和企业发展，以及吸引国外投资。之后，还采取了大量措施来降低企业运营障碍，通过扩大直接拨付受益人的转移支付和深化财政内部改革和创新来提高计划的绩效。这些改革措施在2015/2016财年都将继续推进。

2. 2016/2017财年的财政政策

2016/2017财年财政政策的目标是继续恢复经济增长的动力，在继续坚持财政巩固道路的同时使合作的联邦财政关系制度化。2016/2017财年的预算试图在实现上述目标中取得很好的平衡。

（1）税收政策

财政巩固战略依靠两大重要支柱：一是逐渐增加税收收入占GDP的比重，二是通过减少非发展支出使支出占GDP比重在一个合理的水平。因此，政府税收政策是在中期实现财政巩固计划目标的一个重要工具。

在财政巩固政策实施的最初阶段，税收收入占GDP比重从2003/2004财年的9.2%增加到2007/2008财年的11.9%。但是随后全球金融危机中采用反周期刺激措施的很多是税收方面的减税措施，因此增加的税收收入很大一部分又失去了。之后，税收收入占GDP比重维持在10%左右。对2015/2016财年调整的估计数显示，税收收入占GDP比重增加到了10.8%。

（2）支出政策

在政府内外就政府是否应该坚持财政巩固路线还是允许增加公共支出存在广泛的争议。但是，任何试图增加财政赤字的企图都将在更大的货币政策范围内来评估。高额政府借款对私人投资和经济增长有负面附带影响，因此政府决定坚持执行现行的财政巩固路线。

（3）政府借款和投资

2015/2016财年，财政总赤字（GFD：Gross Fiscal Deficit）中的82.1%是通过定期债券[①]（dated securities）来融资的，金额为456405千万卢比。其他融资渠道是国债（treasury bills）、外部援助、国家基金（state provident funds）、国家小额储蓄基金（NSSF：National Small Savings Fund）。2016/2017财年，列入预算的总借款需求是6万亿卢比。通过定期债券净借款426670千万卢比，为财政总赤字中近80%的赤字提供融资。16649千万卢比将通过国债融资。因此，就短期

① 指净借款。

和中期债务融资来看，2016/2017 财年的借款策略将继续主要依赖市场化的国内融资渠道，外部融资仅占财政赤字很小的份额。

（4）或有债务

宪法第 292 条规定，中央政府对印度统一基金（the Consolidated Fund of India）债券的偿付提供担保。FRBM 规则（财政责任和预算管理规则）规定，政府对某一特定财年债务担保的增量不超过 GDP 的 0.5%，并规定增量的借款的使用范围。

在 FRBM 规则对债务担保的增量进行限定后，或有债务占 GDP 的比重有所下降。或有债务占 GDP 比重在 2004/2005 财年是 3.3%，在 2014/2015 财年下降到 2.73%。

3. 下一财年的战略优先事项

2016/2017 财年，收入方面的财政政策战略主要是增加中央非税收入和非债务资本收入。非税收入方面，2016/2017 财年预算比 2015/2016 财年调整的估计增加了 25%。因此，非税收入占 GDP 比重预计会从 2015/2016 财年调整的估计的 1.9% 增加到 2016/2017 财年预算的 2.1%。为实现非税收入的这个目标，政府已经实施了一些措施，一些其他措施在下一年也有望实施。

4. 政策评价

在 2015/2016 财年，政府财政运行要好于预期。这也增强了对政府采取的财政政策战略的信心。政府财政政策战略是财政巩固以及纠正收入和资本账户的不平衡。政府成功实现了较低的名义性财政赤字。此外，FRBM 目标设定的收入/有效收入赤字直到最近好像还是不可能实现的，但是现在来看好像是可以达到的。2016/2017 财年，政策的继续实行将使政府在 2017/2018 财年规定的时间表内最终能够实现所有的 FRBM 目标。

（四）中期支出框架（MTEF）报告

2011/2012 财年两项重要支出改革措施之一就是中期支出框架报告条款被引入法律。该报告将对多项支出指标的 3 年滚动目标作出规定。该报告将有助于向有优先权的计划分配资源以及排除已经失去作用的其他一些支出。该报告将为多年预算框架（multi - year budgeting framework）注入更多的确定性。该报告也将有助于提高支出管理的效率①。

中期支出框架（the MTEF）为多项支出指标设定了滚动的3年期目标，目标根据特定的预测和风险来确定。在中期支出框架报告中，中期支出框架基本上被假定为按照预测支出是纵向扩张的，也就是说支出是不断增加的。中期支出框架的目标是拉近预算和财政责任和预算管理报告（the FRBM Statements）之间的关系。并进一步保证政府履行财政巩固的承诺。最新一份提交给国会的中期支出框架报告的内容如下②。

1. 中期支出预测（见表12－2）

表12－2　　中期支出预测　　单位：千万卢比

	调整的估计数	预算估计数	对今后两年的预测	
	2013/2014	2014/2015	2015/2016	2016/2017
收入性支出				
1. 工资	82 025	90 636	99 625	119 550
2. 利息	380 066	427 011	468 431	515 275
3. 养老金	74 076	81 983	90 154	108 182
4. 补贴				
A. 化肥	67 972	72 970	76 000	85 000
B. 食品	92 000	115 000	120 000	130 000
C. 石油	85 480	63 427	50 000	40 000
5. 中央对邦法定拨款	138 038	125 332	127 926	129 524
6. 国防	124 800	134 412	147 853	177 424
7. 邮政赤字	5 880	6 908	6 908	6 908

① 资料来源：Speech of Pranab Mukherjee, Minister of Finance, March 16, 2012, http://www.legalserviceindia.com/income%20Tax/budget_2012.htm。

② MOF of India, Medium－term Expenditure Framework Statement laid before Parliament as required under the Fiscal Responsibility and Budget Management Act, 2003, December 2014.

续表

	调整的估计数	预算估计数	对今后两年的预测	
	2013/2014	2014/2015	2015/2016	2016/2017
8. 外事	8 665	9 977	10 041	10 084
9. 国内事务	13 989	16 542	16 809	17 039
10. 税收管理	4 505	2 988	12 988	12 988
11. 财政	20 133	22 277	22 546	22 730
12. 教育	64 867	71 996	76 762	79 958
13. 健康	24 224	31 624	34 259	35 484
14. 社会福利	30 406	35 347	38 671	40 109
15. 农业和农业联盟	23 869	28 815	30 416	31 335
16. 工商业	12 478	16 444	16 178	16 543
17. 城市发展	2 823	15 172	15 588	15 874
18. 农村发展	77 302	106 031	115 334	119 573
19. 东北部发展	1 662	2 134	2 348	2 583
20. 计划和统计	5 894	6 164	6 419	6 577
21. 科学	7 601	10 096	10 393	10 590
22. 能源	7 021	11 197	12 011	12 369
23. 交通	15 554	17 765	18 125	18 407
24. 信息技术和通讯	4 632	7 194	8 060	8 471
25. UT（网络空间）	5 884	6 167	6 277	6 352
26. 其他	17 693	32 504	34 237	34 972
收入性支出汇总	1 399 540	1 568 111	1 674 359	1 813 899
其中，为创造资本性资产提供的拨款	138 228	168 104	301 598	253 496

续表

	调整的估计数	预算估计数	对今后两年的预测	
	2013/2014	2014/2015	2015/2016	2016/2017
资本性支出				
1. 国防	78 872	94 588	108 776	116 390
2. 国内事务	6 805	10 159	14 275	15 608
3. 财政	19 071	16 130	21 912	22 769
4. 健康	1 590	2 068	3 483	3 830
5. 工业和商业	2 437	1 233	1 637	1 760
6. 城市发展	6 937	9 767	11 853	12 378
7. 计划和统计	365	797	1 113	1 224
8. 科学	2 587	3 898	5 273	5 600
9. 能源	4 682	7 124	9 904	10 880
10. 交通	49 911	54 759	69 767	73 863
11. 信息技术和通讯	503	3 993	5 352	5 690
12. 对邦的贷款	11 000	12 000	13 200	13 992
13. UT（网络空间）	1 328	1 727	2 244	2 378
14. 其他	4 805	8 539	10 948	11 776
资本性支出汇总	190 894	226 781	279 738	298 139
总支出	1 590 434	1 794 892	1 954 096	2 112 038

资料来源：Medium - term Expenditure Framework Statement laid before Parliament as required under the Fiscal Responsibility and Budget Management Act, 2003, December 2014, P1。

2. 中期支出预测所基于的假定

报告给出了 2012/2013 财年相比 2010/2011 财年 GDP 的增长率，并解释了增长率下降的几个主要原因。2013/2014 财年 GDP 增长率略有上升，并阐明了增长的主要原因。2014/2015 财年第一季度经济有所恢复，表现为经济增长高于上一财年同期的 4.7%，为 5.7%。2014/2015 财年第一季度，批发价格指数为

5.8%，高于上一财年同期的4.8%。2014/2015财年第一季度，出口、进口和贸易逆差分别为801亿美元、1131亿美元和331亿元美元，上一财年该数据分别为734亿美元、1209亿美元和474亿美元，贸易逆差有所好转。

无形贸易盈余在2013/2014财年有所增加，反映贸易和无形贸易变化的经常账户赤字在2013/2014财年大幅下降到324亿美元。2014/2015财年第一季度，经常账户赤字下降到79亿美元。

印度外汇储备在2014年3月底增加到3042亿美元，6月底进一步增加到3161亿美元。2013/2014财年，卢比年度平均汇率下降到60.50卢比/美元，2014年3月和6月的月平均汇率从61.01升值到59.73卢比/美元。

世界经济增长低于预期，2014年国际货币基金组织（IMF）的世界经济展望认为，2014年上半年经济增长低于预期，世界经济增长率被下调到3.3%，比2014年4月的预测下调了0.4%。2015年全球经济增长率的预期也被下调到3.8%。预测全球经济温和复苏，制造业温和复苏以及国际能源价格没有大的上涨，因此经济实际增长率在2014/2015财年预计在5.4%到5.9%之间。

2013/2014财年，如政府承诺的那样，财政状况有所改善。按照财政路线图，政府承诺到2016/2017财年底，财政赤字占GDP比重降到3.0%。2014/2015财年预算再次强调了政府执行财政巩固政策的承诺。本年财政赤字的目标是4.1%。在中期，赤字占GDP的比重将在2015/2016财年降到3.6%，在2016/2017财年降到3.0%。同样也设定了相应财年收入性赤字和有效收入性赤字占GDP比重的目标。报告还预测了截至2016/2017财年债务余额占GDP比重减少到41.5%，税收收入占GDP比重增加到11.2%。预测的一项不确定性是第14届财政委员会的决议，因为报告预测的年度受第13和14届财政委员会决议的影响，如果第14届财政委员会大幅增加邦分享的比重将对财政状况产生重大影响，报告所述的财政方案可能不得不重新设计。

报告描述了中央非税收入的构成，包括政府的利息和红利收入等等。2014/2015财年中央非税收入占GDP的1.7%。根据推断，2014/2015财年的一些非税收入是一次性的，因此预测2015/2016和2016/2017财年非税收入占GDP的比重分别下降到1.4%和1.2%。

2013/2014财年，政府决定成立一个独立基金，国家投资基金（NIF – National Investment Fund），意图是资产出售收入将只能用于特殊授权目的的支出。

并进一步规定，资产出售收入将不再被用于为政府一般支出提供资金。报告显示，2014/2015 财年，其他非债务资本性收入（包括资产出售收入）为 6342.5 亿卢比（预算估计数）。在中期，估计 2015/2016 和 2016/2017 财年该项收入均为 5500 亿卢比。根据上述的所有可用资源和基本的假定，作出了中期支出预测，结果如表 12 -2 所示。

（五）中期财政框架的战略

根据印度经济调查，中期财政框架（the Medium - Term Fiscal Framework）应该采用如下战略[①]：

第一，在中期，印度必须实现赤字占 GDP 3% 的中期目标。该比率将有助于为印度提供更多的财政空间，以防止未来的经济波动，以及拉近与其他新兴市场国家的差距。印度还必须转变近年来的做法，实行“黄金规则”，消除收入性赤字和保证借款只用于资本性支出。

第二，实现这些目标的方式是控制支出，以及实现消费性支出向投资性支出的转变。过去十几年间，资本性支出的长期下降侵蚀了印度长期增长的潜力。从 2016/2017 财年开始，随着增长动力的聚集、商品和服务税的实施、间接税的增长以及支出控制，中期目标将很容易实现。

第三，新的财年仍然会坚持财政巩固。但是，实行更严格财政巩固的必要性降低了，因为宏观经济压力有所减轻，通货膨胀大幅下降，经常账户赤字也发生转变。在这种宏观经济情况下，经济在恢复而不是动荡，反周期政策就不是那么急迫了。

另外，债务趋势也很有利，能够保证公共部门资产负债表的优化。而且，进一步的财政巩固将需要在新的财政年度中一些新的其他因素发挥作用，例如第 14 届财政委员会建议的实施、在 2007/2008 和 2008/2009 财年由于中央销售税减少给予邦补偿的清偿，以及增加公共投资。

第四，为实现中期财政目标，新财政年度（2015/2016 财年）应该控制支出，降低财政赤字和收入性赤字[②]。同时将实现支出从消费性支出向投资性支出

---

① Economic Survey 2014 - 15 Volume I, P2048 ~ 49.

② 收入性收入在一般国家都称作经常性收入，与资本性收入相对应。收入性赤字 = 收入性收入 - 收入性支出。

的转变，办法是减少补贴，用投资取代。增加税收收入占 GDP 的比重也将有助于短期和中期财政目标的实现，办法是提高石油产品消费税。

三、简要评述

（一）中期预算发挥的作用

中期预算的两份报告，即财政责任和预算管理报告和中期支出框架报告，分别与年度预算一起和年度预算在国会讨论时提交给国会。“2003 年财政责任和预算管理法案”及其构建的规则框架是中期预算编制的法律依据。法案规定中央政府有责任保证财政管理的代际公平和宏观经济的长期稳定。中央政府通过实现足够的收入性盈余、解除货币政策有效性和审慎的债务管理方面的障碍来履行其职责。审慎的债务管理与财政可持续性是一致的，为实现这个目标，需要限制中央政府的借款、债务和赤字水平，增加中央政府财政工作的透明度，在中期框架内实施财政政策，及其他相关事务。

中期财政框架的战略中提出，消除收入性赤字，借款只用于资本性支出，支出从消费性支出向资本性支出转移，以及控制支出增加收入的措施。中期财政政策报告对四项财政指标设立了 3 年滚动目标，这四项指标是收入性赤字、财政赤字、税收收入、和年底待偿还债务总额占 GDP 的比重，还对目标实现的可能性等进行分析。中期支出框架对多项指标设定了 3 年滚动目标，中期支出框架的引入是为了拉近与预算和财政责任和预算管理报告之间的关系，进一步保证财政巩固的实现。

（二）中期预算与年度预算的关系

中期预算的两份报告，即财政责任和预算管理报告和中期支出框架报告，分别与年度预算一起和年度预算在国会讨论时提交给国会。中期预算的这两份报告会对年度预算是否能够或有助于实现中期预算目标会进行评估，对差距也进行说明。

（三）中期预算的效果

“2003 年财政责任和预算管理法案”及其构建的规则框架是中期预算编制的法律依据。法案规定中央政府有责任保证财政管理的代际公平和宏观经济的长期稳定。中央政府通过实现足够的收入性盈余和解除货币政策有效性和审慎的债务管理方面的障碍来履行其职责。审慎的债务管理与财政可持续性是一致的，为实现这个目标，需要限制中央政府的借款、债务和赤字水平，增加中央政府财政工作的透明度，在中期框架内实施财政政策，及其他相关事务。

（四）中期预算编制存在的问题及未来改革方向

国际货币基金组织建议印度进行如下改革来加强中期预算管理：（1）每年发布中期宏观经济预测并将财政目标与未来的宏观经济预测建立关联关系，财政预测应该以发布的假定条件为依托，长期财政预测应该至少按每五年计划进行编制和更新。（2）应该考虑建立有约束力的中期预算，中期财政政策报告和五年计划应该整合出滚动的多年支出限额，财政预测应该系统性地提供所有新出台的收入和支出政策的影响，对碎片化的财政政策的新创意的统筹协调考虑十分重要。（3）推进独立对宏观经济和财政状况进行预测以及编写财政统计数据。

第十三章　泰　　国

一、基本情况

泰国于2002年开始改革其战略绩效预算体系，核心内容是以完善预算制度来改善政府的治理水平、预算权力下放、扩大预算范围、监测和评价相结合、建立以结果为导向的预算和实行中期财政支出框架。为提高财政支出的支出效率，泰国在2005年开始实行公共支出管理（PME）项目，这是一个全新的包括政策的出台、预算规划制定、预算资源分配和执行公共财政资金管理的系统。该系统主要关注于国家可持续发展框架中的优先项目和预算，与制定公共支出法律和制度框架之间的协调关系。2006年，泰国开始实行中期财政支出规划，其中，自上而下的中期财政支出规划中期财政支出规划是年度预算计划框架的核心，它主要基于未来四年宏观经济和公共财政展望，即包括进口、出口、GDP和通货膨胀的经济展望，财政收入，公共债务，预算政策（赤字、盈余和财政平衡），集中估计反映政府四年政策、行政计划和国家投资计划需求的预算项目。各政府职能部门根据上述政策和计划自下而上编制财政支出规划。它同时也具有滚动计划的特征，即在下一个预算周期开始前，因新政府上台、新的预算分配策略出台和社会与经济环境变化等原因导致政策变化，从而需要对预算支出进行必要的调整。泰国的中期财政支出规划以四年为一个周期，恰好与泰国的政治选举周期一致，它包括了各级政府的中期财政目标。

二、主要内容

（一）中期财政规划的实施部门及其分工

泰国负责预算协调和管理的部门主要有预算局（BOB）、财政部（MOF）、国家经济与社会发展委员会（NESDB）、直属机构（LM）和泰国银行（中央银行，BOT）。其中，预算局（BOB）负责审批预算分配、设置部委和直属机构支出限额、制定宏观财政预测和设置中期预算限额或中期预算框架（MTBF），它直接向总理负责。国家经济与社会发展委员会是制定规划的机构，负责制定为期五年的国民经济和社会发展规划和评估发展项目（最近一期的规划是第十一个五年规划，2012～2016 年），该机构在预算进程中负责制定宏观经济预测的基线、制定政府的施政规划（GAP）、设置政策的优先次序和决定国家预算分配策略。其中，政府的施政规划主要包括九项独立的内容：消除贫困，社会与人力资源整体水平的提升，经济结构的均衡与竞争力的提升，自然资源和环境的管理，外交事务与对外经济的发展，改善国家法律法规，推进民主和公众参与，国家安全，国家治理。政府各部委必须根据该规划编制各自部门的每年的施政计划，同时，政府各部委的年度预算也必须反映年度施政计划的内容。财政部负责编制财政收入预测基线、编制财政总体目标，财政部也根据宏观经济预测，对中期财政进行持续预测。泰国银行负责为其他机构的预测提供支持，并确保预测的结果与货币政策相一致。

各部门在预算规划的宏观财政框架设计及其他工作所承担的具体责任和分工如表 13－1 所示。

表 13－1　　　　泰国中期财政支出规划各部门职责分工

		内阁	MOF	NESDB	BOT	BOB	LM
宏观财政规划	编制经济预测的基线		参与/评估	主导	参与/评估	参与/评估	
	编制财政收入预测的基线		主导	参与	参与	参与/评估	

续表

		内阁	MOF	NESDB	BOT	BOB	LM
宏观财政规划	中期财政支出规划及目标		提供支持			主导	提供支持
	编制财政总体目标	审议	主导		提供支持	提供支持	
预算分配政策	制定政府施政规划和政策	审议	提供支持	主导		参与	发起/提供支持
	确定预算开支的优先次序	审议				主导	参与
	债务规划、财政风险预测和鉴定资本项目	审议	主导	提供支持		参与/评估	
预算限额	设定部委支出限额	审议				主导	参与
	设定直属机构支出限额	审议				主导	参与

注：主导是指该部门负责编制和统筹工作；参与是指提供必要的数据、资料，及相关工作支持。

（二）中期财政规划的流程

1. 预算编制

中期财政规划与年度预算工作是一个有机整体，即中期财政规划是动态调整并在年度预算中体现出来的，从现有资料看，泰国并没有单独的中期预算。

泰国于1959年制定了《预算程序法》规范预算的编制工作，规定了泰国预算年度；财政部部长和预算局局长在预算程序中的职责；确定预算文本的内容及其要义；制定国库支付和提取现金的基本规则，确保国库资金管理和支出更有效率；规定了财政官员的责任。泰国的预算年度从每年10月1日起，至次年的9月30日止。其中，年度预算编制流程可分为两个阶段，即预算编制和预算审批，其中预算编制由预算局主导。预算局与国家经济与社会发展委员会、财政部和泰国银行共同确定预算总盘子的上限，这四个部门根据相应的经济假设对各自领域进行预测，财政部负责税收收入预测。它们初步预测的结果往往是不一致的，其主要困难源于宏观经济的不稳定性和财政支出的不确定性，后者可能因政府优先支出项目的排序或政治议程的变化而发生改变。因此，必须由四部门在初步预测后2~3周内协调达成共识，共同签署一致意见后呈交总理，由总理审批，此项工作在2月份完成。实现中期财政规划后的最初几年，预测结果低估了经济的活力，实际税收收入显著高于预期。这反映了官僚体系更偏好于低风险的保守预测，宁愿采纳更保守的预测结果，避免出现过高的财政赤字。于是，不得不通过在财政年度的后期追加预算来解决这一问题。

国家经济与社会发展委员会与预算局编制预算方针草案提交给总理，并在二月获得批准。在确定宏观层面的限额框架后，由预算局确定每个部委的预算限额。同时，各部委向预算局提交各自的预算方案，由预算局负责对部门预算安排与国家施政规划的优先次序进行比对。预算局按照三个标准来评价各部门的支出要求：与四年的国家施政规划优先次序的一致性；预算部门所制定的战略计划和工作计划的可行性；预算部门以往执行预算的能力。在宏观经济预测和各部委自下而上的中期支出框架编制完成并汇总后，预算局将以此为依据修正自上而下中期支出框架的基线预测，而预测结果是不公开的，仅在政府内部使用。各部委和内阁直属机构在获得预算局下发的预算指南和预分配的预算配额后，将修正它们的部门预算并编制当年的工作计划和四年的工作计划（见表13－2）。

表13－2　　预算编制时间表

11～12月	直属部委回顾上一财政年度的工作目标、战略设计和业绩情况。
	各部委评价上一财政年度的工作和预算支出情况。
	各部委根据四年工作计划准备更新下一财年的工作计划。
	各部委修正中期财政支出框架，使其与四年工作计划相一致。
	各部委提出与中期支出框架相匹配的最低限度预算需求。
	预算局、财政部、国家经济与社会发展委员会和泰国银行编制预算提案。
	预算局和国家经济与社会发展委员会编制政策优先清单和预算安排策略。
1月～2月	内阁通过预算政策。
	国家行政计划委员会编制四年和当年的国家行政规划。
	国家经济与社会发展委员会、预算局、泰国银行和财政部开展经济预测和编制总预算限额。
	预算局修正中期财政规划的预算基线。
	各部委编制和提交初步的预算（各部委的支出上限还未确定）。

续表

3 月	内阁通过国家行政规划。
	预算部门根据国家行政规划和中期财政规划编制当年和未来四年的工作计划。
	预算局和国家经济与社会发展委员会商定预算战略指向。
	预算局向首相提出各部委的预算上限，并由首相审批。
	预算局确立各部委的预算上限。
4 月	各部委根据各自的预算上限修正预算后，以电子的形式重新提交。同时，工作计划单独用硬盘拷贝后提交。
	预算局对各部委重新提交的预算进行修正。

2. 预算审批

泰国预算审批权归属于议会，但在历史上，议会在预算进程中所发挥的作用因各种原因而受到一定限制。其中，在泰国漫长的军事统治时期，议会监督是名存实亡的。在文官统治的早期阶段，因党争、地方主义和社会不稳定等原因而极大限制了议会的作用。1997 年的《宪法》对议会在预算进程中的作用规定了诸多限制，而这有助于保证行政机构在预算进程中拥有更多的话语权。主要体现在以下几个方面：一是众议院投票修改预算的议案必须经过总理的同意方可成行，这意味着泰国总理及其预算局局长享有预算修订的否决权，这事实上确保了行政机构在预算进程中享有了高于立法机构的预算权。二是众议院的议员不能提出额外支出，仅能对政府提出的预算提出削减方案，但不包括国家债务支出。三是所有的预算修正案必须经由议员所在政党的批准。四是参议院不能对预算作任何修改，仅能就政府提出的一揽子预算进行表决。五是如果两院未能在限定时间内完成预算的审议工作，则政府预算将被视为获得通过。其中，众议院拥有 105 天的审议时间，但众议院的审查往往会持续到 120 天，参议院仅有 2 天的时间完成审议和投票。

预算审批程序始于泰国总理于每年 5 月底将政府预算提交给众议院，具体时间安排如表 13 – 3 所示。

表 13 - 3 预算审批时间表

5 月底	泰国总理将政府预算提交给众议院。
	众议院第一轮审查预算。
6 ~ 9 月	议会的预算委员会对预算进行审查。
9 月	政府与反对派之间围绕修改预算开展非正式谈判。
	第二轮审查预算：对每一个预算修正案进行投票。
	第三轮审查预算：预算整体表决。
9 月底	参议院对预算进行表决。

（1）第一轮审查

反对党领导人基于各自对经济和社会前景的判断，对预算安排都有各自的理解和诉求，泰国总理在国会作预算报告后，反对党与执政党之间围绕预算的宏观安排会有一番争论，这是构成众议院第一轮审查政府预算的重要程序。随后，将会有一轮投票，这轮投票事关政府公信力，如果政府在这轮投票中未能顺利通过，政府将被解散，并将举行新的选举。如果投票通过，则众议院将组织成立一个审查委员会对政府预算提案进行审查。该委员会每年都会重新选举，但其成员大多是多年连任的，且与西方国家不同，该委员会 1/4 的成员由政府提名，财政部部长是该委员会主席。审查委员会工作量很大，79 个委员在 105 天内必须完成预算的第一轮审查。该委员会一般分为几个小组委员会对不同部门的预算进行审查。

（2）第二轮审查

尽管议会在预算审查中受到诸多方面的限制，但由于泰国实行的严格政治问责制度，因此，预算审查委员会的审查会比较严格而有效，经第一轮审查后，该委员会往往会提出预算修正案，如上所述，预算审查委员会事实上由政府掌控，修正案一般不会对财政政策目标及部门预算的分配有实质的影响，因此，修正案能较容易获得批准。如果第一轮审查后对原预算进行修改，则必须对修改后的预算开展第二轮审查。审查委员会第二轮审查是一个技术性的审查，在此之前，所有的预算修正均由政府和反对派进行非正式的商议后达成了共识。这一轮审查的重点是第一轮审查所提出的预算修正，需要对每一个修正案进行单独的审查和表决。

（3）第三轮审查

第三轮审查会对一揽子预算及第二轮审查提出的预算修正进行表决，经众议院表决通过的预算将被送至参议院，由其对总预算进行表决。

3. 预算执行和管理

20 世纪 90 年代初，泰国推行了多项关于规范预算执行和管理程序的改革，以下主要介绍泰国预算拨款和财政资金管理的经验。

泰国的预算拨款共有五类：人员经费、日常运转经费、补贴、政府投资和其他费用。其中，人员经费是指支付给经公务员事务委员会或其他同等机构核准的公务员的标准费用，即公务员工资。日常运转经费是指政府日常运行所需的开销，包括公务员工资以外的特殊津贴。预算局在预算执行过程中享有较大的权力，每个政府部门必须在财政年度开始之初向其提交一份预算执行计划，由该局进行审批。经预算局批准的各部门预算执行计划将被转至财政部的总审计署，该署负责管理政府各部门及其区域办事处的账户（类似于我国的零余额账户），预算部门的资金账户设在泰京银行（Krung Thai Bank），国库设在泰国银行。在执行年度预算时，各部门的支付请求由代理机构预先审核后①，以电子文本的方式报送至总审计署，由其根据该部门当月预算执行计划对支付请求在 1 ~ 2 天内完成审核，再由该署从设在泰国银行的国库向收款人开户银行完成电子支付。如果所涉及的支付金额不大或收款人未在银行开有户头，则这笔款项将先拨付至预算部门在泰京银行开设的户头，然后再由该银行拨付给相关收款人。

值得注意的是，泰国《预算程序法》赋予了预算局局长较大的预算执行调整权，预算局可以授权政府部门对上述五类拨款之间及其内部项目进行资金调整，但必须遵守四项规则：一是该资金调整不能用于新进人员；二是资金调整不能够改变预算的目标；三是资金调整不能捆绑未来预算资金；四是资金调整不能用于计划外的海外行程。由此可以看出，泰国国会赋予行政机关在预算执行上很大的灵活性，预算局在行使上述预算调整权时也比较谨慎，往往逐一审核后才予以授权。

---

① 资金支付的预审过程较长，一般资金额不大的项目需要 1 ~ 2 周的预审期，资金量大的项目需要 1 ~ 2 月的预审期。

三、简要评述

（一）预算收入和支出预测力争专业性和准确性

中期财政规划与传统的年度预算不同，其所涉及的预算周期更长，更难于准确把握经济形势的变化，这就要求主导预测的部门必须是专业的，掌握的信息是充分、可靠的，且该部门还必须有能力与其他相关部门开展合作，并能够按年滚动的更新预测，并依此为指导编制年度预算。泰国在实施中期财政规划中，强调部门间有序分工与合作，分别由财政部和国家经济与社会发展规划委员会主导编制中期财政收入和中期财政支出预测的工作，这恰恰契合了两个部门的主要职能。首先，财政收入预测工作是基于对以往财政收入与其主要影响因素间的经验分析，以及对未来主要因素变化预测的基础上开展的。根据泰国《公共管理法》的规定，财政部负责监督有关公共财政、税务、国库、政府资产、国有企业以及其他依法监管的组织，同时还拥有向政府机构、金融机构和国有企业提供融资担保的权力。在财政部下设有财政政策办公室、国库司、总审计署、海关署、消费税司、税务署、公共债务管理办公室、国有企业政策办公室等 8 个职能部门（除了秘书处和办公厅外），泰国没有单独将海关和税务单列为内阁部门，而是作为财政部的下属机构，因此，财政部统筹监管了国家各主要税源，这使其在财政收入预测上更具有优势。其次，一般来说，财政经常性支出较资本性支出更稳定，因此，财政支出的预测难点在于资本性支出，需要将支出预测与国家规划与政策紧密联系起来。国家经济与社会发展规划委员会与预算局同直属于泰国总理，主要负责向内阁提供事关国家经济与社会发展的意见和建议；编制国家经济与社会发展规划；向总理提供关于经济与社会发展的相关咨询；与相关部委、国有企业相互协调，推进规划的编制和实施。该委员会领导成员共 15 人，包括 1 名主席和 9 名来自各领域的高级专家，以及 5 名政府官员，分别是委员会秘书长、公务员委员会主席、预算局局长、财政政策办公室主任（财政部）、泰国银行行长，下设有国民经济核算处、基础设施项目处、公共政策处、社会发展策略与规划处、空间发展规划与战略处、宏观经济战略和规划处等 16 个职能部门（不包括秘书处）。从其职能和机构设置看，该委员会是泰国的政策规划部门，决策层汇集了实施中期财政规划的其他三个重要部门的行政长官，这使其对宏观经济和社会发展相关信息的掌握较其他部委更充分、更全面，同时其所制定的规划直接影响了中长期泰国重要政策的排序。泰国在每个财政年度开始前都会由相关部门及时回顾和评价上一年的工作，并及时滚动更新经济预测。

（二）中期财政规划与原有体制做到协调

泰国是一个高度集权国家，从 1961 年开始编制第一个社会经济发展五年规划。为了适应中期财政规划改革的需要，2005 年，泰国对中央计划体系进行补充，开始编制一个为期四年的政府施政规划（GAP），该规划是为了确保选前政治宣言在大选获胜后能够转化为具体的施政行动，因此，其周期与大选周期是一致的。但同时，五年规划并未被取消，还继续作为指导政府施政规划、中期财政规划的重要依据。

同时，中期财政规划在实施过程中并非一成不变，而是根据上一年度的预算执行情况、宏观经济形势的变化，以及政府施政方针的调整等因素的变化而对中期财政规划的预算基线进行修正，进而指导年度预算的编制和执行。

（三）中期财政规划实施中各部门协调合作

中期财政规划的编制和实施是一项系统工程，从规划编制前的经济和财政收入预测，到结合政府的施政规划和政策制定中期财政规划，再到中期财政规划与年度预算的对接等工作，需要政府各职能部门的相互协作。如表 13 - 1 所示，经济预测和政府施政规划和政策工作主要由国家经济与社会发展委员会主导，预算局、财政部和泰国银行参与其中，分别负责各自领域的预测评估工作。由于财政部门主管国库和财政政策的制定工作，因此由其主导预算收入的预测、财政总体目标编制，以及债务规划、财政风险预测和鉴定资本项目等工作，国家经济与社会发展委员会、预算局和泰国银行也参与其中。预算局负责涉及中期预算规划和年度预算编制的各项事务，主要包括中期财政支出规划及目标、预算开支的优先次序、部委支出限额、直属机构支出限额，国家经济与社会发展委员会、财政部、泰国银行及其他部门分别根据其各自职能提供相关的支持。

（四）中期财政规划与年度预算做好衔接

中期财政规划是一个动态的预算决策过程，其动态性表现在以三至五年为一个周期进行预算的滚动编制，而不仅仅是预算时间的简单延伸。泰国中期财政规划以四年为一个周期滚动编制，中期财政规划并非一成不变，而是根据上一年预算的执行情况以及未来行政部门工作规划和财政收支预测进行调整。每年调整后的下一财政年度财政规划对下一年度的预算安排具有约束性，同时，后三年的财政规划则对相应年度的预算安排具有指导意义。

参 考 文 献

外文参考文献

CMB, Economic report of the present, 2015.

CBO, The 2015 Long – Term Budget Outlook.

CMB, Fiscal year budget of the u. s government, 2016.

France' s Finance Ministry: Stability Programme 2015 – 2018, April 2015.

France' s Finance Ministry: 2015 Budget Bill, March 2015.

IMF: Budget Institutions in G – 20 Countries—Country Evaluations, April 7, 2014.

OECD: The Legal Framework for Budget Systems, 2004.

L. F. Jameson Boex, Jorge Martines – Vazquez, Robert M. Mcnab: Multi – Year Budgeting: A Review of International Practices and Lessons for Developing and Transitional Economies, Public Budgeting & Finance, Summer 2000.

OECD: OECD Economic Surveys—France, March 2015.

Office for National Statistics: Public Sector Finances, April 2015, issued on 22 May 2015.

World Bank: Beyond the Annual Budget—Global Experience with medium Term Expenditure Frameworks, 2013.

Anwar Shah, Local Government in Industrial Countries, the World Bank 2006.

Jón R. Blöndal, Daniel Bergvall, Ian Hawkesworth and Rex Deighton – Smith, Budgeting in Australia.

David Shand, Almaty, Kazakhstan, International Experience and Best Practice in Implementing Medium Term Expenditure Frameworks.

The Australians Mid – Term Expenditure Framework (MTEF). Its Features and Its Underlying Supporting Institutions/Systems.

Organisation for Economic Co – operation and Development (OECD), Task Force for the Implementation of the Environmental Action Programme for Central and Eastern Europe, Caucasus and Central Asia Regulatory Environmental Programme Implementation Network: Introduction To Medium – term Expenditure Frameworks (MTEF).

L. F. Jameson Boex, Jorge Martinez – Vazquez and Robert M. McNab, Multi – Year Budgeting: A Review of International Practices and Lessons for Developing and Transitional Economies.

《Внешний и внутренний долг》, Раздел из книги 《Российские реформы в цифрах и фактах》, http: //refru. ru.

О федеральном бюджете на 2015 год и на плановый период 2016 и 2017 годов (с изменениями на 13 июля 2015 года).

Федеральный закон от 14 декабря 2015 г. N 359 – ФЗ"О федеральном бюджете на 2016 год".

Australia 2014 G20, Comprehensive Growth Strategy: South Africa.

Our future – make it work, National Development Plan 2030 – Executive Summary, National Planning Commission Department of The Presidency Republic of South Africa.

Medium – Term Strategic Framework (MTSF) 2014 – 2019, Planning, Monitoring and Evaluation Department of The Presidency Republic of South Africa.

Budget Institutions in G – 20 Countries—Country Evaluations, IMF Policy Paper, April 7, 2014.

中文参考文献

H. N. 沙伊贝、H. G. 瓦特、H. U. 福克纳：《近百年美国经济史》，中国社会科学出版社，1981 年。

道格拉斯·C. 诺斯：《制度、制度变迁与经济绩效》，上海三联书店，1994 年。

高德步、王珏：《世界经济史》，中国人民大学出版社，2001 年。

约翰·F. 沃克、哈罗德·G. 瓦特：《美国大政府的兴起》，重庆出版社，2001 年。

小詹姆斯·R. 斯托纳：《普通法与自由主义理论，柯克、霍布斯及美国宪政主义之源头》，姚中秋译，北京大学出版社，2005 年。

亚历山大·汉密尔顿，詹姆斯·麦迪逊，约翰·杰伊，联邦当人文集［M］. 中国青年出版社，2014 年。

任东来等：《美国宪政历程》，中国法制出版社，2015 年。

蔡玉文："法国的预算编制"，《中国财政》，2003 年第 1 期。

财政部财政科学研究所：《各国财政运行状况（2011）》，经济科学出版社，2012 年。

财政部财政科学研究所：《各国财政运行状况（2013）》，经济科学出版社，2014 年。

王玲："法国新预算法简析"，《中国财政》，2005 年第 9 期。

中国外交部，《印度国家概况》，中国外交部网站，2015 年 9 月。

亚洲开发银行编著：《政府支出管理》，财政部科研所译，人民出版社，2001 年 12 月。

财政部财政科学研究所：《经济危机中的财政——各国财政运行状况（2011）》，中国财政经济出版社，2012 年。

世界银行：《超越年度预算——中期支出框架的全球经验》，中国财政经济出版社，2013 年。

《2014——2018 年国家财政运行计划》，韩国企划财政部。

"部分国家政府非税收入管理法律框架"，财科所《研究报告》，2014 年 6 月 28 日。

《OECD 经济展望》(2014 年 11 月)。

［美］Anwar Shah 编著:《践行财政“联邦制”》,贾康等译,科学出版社,2014 年。

财政部财政科学研究所:《各国财政运行状况》(2013),中国财政经济出版社,2014 年。

财政部财政科学研究所:《各国财政运行状况》(2011),中国财政经济出版社,2012 年。

童伟:《俄罗斯政府预算制度》,经济科学出版社,2013 年。

徐海燕:“俄罗斯政党发展与社会政治心态”,《重庆社会主义学院学报》,2010 年第 3 期。

程亦军:“当前俄罗斯经济的基本特征与发展前景”,《人民论坛·学术前沿》,2013 年第 17 期。

张琳、高凌云:“2013—2014 年俄罗斯宏观经济形势分析与展望”,《中国市场》,2015 年第 5 期。

郭连成、车丽娟:“俄罗斯预算联邦制的改革与发展”,《俄罗斯中亚东欧研究》,2009 年第 3 期。

刘微:《俄罗斯财政政策探析》。

郭晓琼:“俄罗斯联邦稳定基金的发展”,《俄罗斯中亚东欧市场》,2008 年第 1 期。

韩爽、徐坡岭:“俄罗斯实现持续经济增长面临的主要挑战”,《俄罗斯中亚东欧研究》,2011 年第 5 期。

薛福岐:“‘中期稳定’战略与普京的新执政之路”,《当代世界》,2012 年第 3 期。

蒋莉:“普京新政评析”,《现代国际关系》,2012 年第 12 期。

中国现代国际关系研究院课题组:“普京复任后的俄罗斯内外政策调整”,《俄罗斯东欧中亚研究》,2013 年第 2 期。

程亦军:“后危机时期的俄罗斯经济形势”,《欧亚经济》,2014 年第 6 期。

郭连成:“俄罗斯财税政策及其影响”,《俄罗斯东欧中亚研究》,2013 年第 5 期。

殷红:“俄罗斯经济形势与政策分析”,《俄罗斯东欧中亚研究》,2014 年第

3 期。

徐向梅："全球冲突下俄罗斯面临的挑战"，《学习时报》，2015 年 4 月 27 日。

黄河："俄罗斯债务问题——从国家风险评估角度进行分析"，《东欧中亚研究》，1999 年第 4 期。

［美］Anwar Shah 编著：《践行财政"联邦制"》（联邦制全球对话第Ⅳ卷），贾康等译，科学出版社，2015 年。

［美］安瓦·沙主编：《发展中国家的地方治理》，刘亚军、周翠霞译，清华大学出版社，2010 年。

相关政府官方网站

Office for Budget Responsibility 网站信息。

IMF，BUDGET INSTITUTIONS IN G－20 COUNTRIES—COUNTRYEVALUATIONS，April 7，2014，IMF 网站。

Office for National Statistics，Public Sector Finances，April 2015，issued on 22 May 2015，英国财政部网站。

HM Treasury，Statistical Bulletin：Public Spending Statistics April 2015，英国财政部网站。

HM Treasury，Budget 2015，March 2015，英国财政部网站。

IMF，BUDGET INSTITUTIONS IN G－20 COUNTRIES—COUNTRYEVALUATIONS，April 7，2014，IMF 网站。

韩国企划财政部网站 www. mosf. go. kr。

韩国行政自治部网站 www. moi. go. kr。

韩国银行网站 www. bok. or. kr。

韩国租税财政研究院网站 www. kipf. re. kr。

韩国的地方自治 http：//www. clair. or. kr/down_ file/115_ 00. pdf#search＝'%E9%9F%93%E5%9B%BD＋%E4%B8%AD%E6%9C%9F%E8%B2%A1%E6%94%BF%E9%81%8B%E5%96%B6%E8%A8%88%E7%94%BB' http：//www. mosf. go. kr/com/synap/synapView. do？ atchFileId＝ATCH_ OLD_ 00004095916&fileSn＝466292.

韩国企划财政部《2015～2019 年国家财政运用计划》。

http：//blog. naver. com/kord1/220475409294.

Ministry of Finance of India，Indian Public Finance Statistics 2013 – 14 及之前财年的报告，印度财政部网站，2014 年 4 月。

Ministry of Finance of India，Economic Survey 2014/2015，印度财政部网站，2015 年 2 月。

Ministry of Finance of India，Mid – Year Economic Analysis 2014/2015，印度财政部网站。

Ministry of Finance of India，An Economic and Functional Classification of the Central Government Budget 2013/2014，印度财政部网站。

Ministry of Law and Justice，Government of India，[The Constitution of India]（as modified up to the 1st December，2007），http：//www. india. gov. in/my – government/constitution – india.

Ministry of Finance of India，BUDGET AT A GLANCE 2015 – 2016，印度财政部网站。

Ministry of Finance of India，Key Features of Budget 2015/2016，Feb. 28 2015，印度财政部网站。

Ministry of Finance of India，The Medium Term Fiscal Policy Statement，印度财政部网站。

Speech of Pranab Mukherjee，Minister of Finance，March 16. 2012，http：//www. legalserviceindia. com/income%20Tax/budget_ 2012. htm.

Ministry of Finance of India，Medium – term Expenditure Framework Statement laid before Parliament as required under the Fiscal Responsibility and Budget Management Act，2003，December 2014，印度财政部网站。

IMF，BUDGET INSTITUTIONS IN G – 20 COUNTRIES—COUNTRYEVALUATIONS，April 7，2014，IMF 网站。

中国外交部，《印度国家概况》，中国外交部网站，2014 年 9 月。

巴西财政部财政统计数据：

https：//orcamentofederal. gov. br/informacoes – orcamentarias/texto – estatisticas – fiscais.

巴西财政部：

http：//www. tesouro. fazenda. gov. br/en/central – government – primary – balance。

2015 年巴西财政预算报告：

http：//www. planejamento. gov. br/ministerio. asp? index = 8&ler = s1146。

2015 巴西中央银行公共财政数据：http：//www. bcb. gov. br/? INDICATORS。

巴西年度财政计划：

http：//www. tesouro. fazenda. gov. br/plano – anual – de – financiamento。

链接地址：http：//www. bcb. gov. br/? FISCPOLICY。

巴西财政部年度举债计划：

http：//www. tesouro. fazenda. gov. br/annual – borrowing – plan。

巴西财政部年度债务报告：

http：//www. tesouro. fazenda. gov. br/annual – debt – report。

后　　记

《部分国家中期预算制度》是在中国财政科学研究院外国财政研究中心 2015 年度“国外中期预算制度比较研究”课题的基础上撰写完成。本书得到了北京用友政务软件有限公司的大力支持。我们愿意与广大读者分享研究成果，希望本书能够对社会有所助益。

中国财政科学研究院外国财政研究中心负责外国财政制度、政策及国际、地区间经济协作等方面的研究任务，参与外事及对外交流计划的设计。经过多年来的研究和探索，我们逐渐积累了丰富的国别财税资料和外国财政研究经验，本书亦是多年研究积累的体现。

全书共分为七篇十三章，各章作者如下：

第一章总论：张晓云、马洪范、李欣等；第二章英国：李欣；第三章德国：张东明；第四章法国：于雯杰；第五章俄罗斯：白忠涛、燕晓春；第六章美国：梁佳雯、李博；第七章巴西：王美桃；第八章澳大利亚：冯丽薇；第九章南非：刘翠微；第十章日本：李三秀、田远；第十一章韩国：景婉博；第十二章印度：李欣；第十三章泰国：秦强。

此外，王朝才副院长组织领导了本书的撰写工作，吕旺实研究员提出了很好的修改意见，张晓云、马洪范、李欣具体承担了全书的总撰和完善工作。

本书是集体研究的成果，经过多次会议研究修改而成。虽然我们竭尽全力，但不当之处在所难免，敬请各位读者批评指正。

作者

2016 年 8 月 23 日